edition taberna kritika

Die edition taberna kritika wird vom Bundesamt für Kultur (CH) mit einem Förderbeitrag für die Jahre 2021–2024 unterstützt.

Christian de Simoni
wandern/schreiben
Lektüren zum zeitgemäßen Reisen

http://www.etkbooks.com/
Gestaltung: etkbooks, Bern
Coverillustration: Christian de Simoni

Bibliografische Information der Deutschen Nationalbibliothek:
Die Deutsche Nationalbibliothek verzeichnet diese Publikation in der Deutschen Nationalbibliografie; detaillierte bibliografische Daten sind im Internet über http://www.dnb.de abrufbar.

ISBN: 978-3-905846-69-0

Christian de Simoni

wandern/schreiben
Lektüren zum zeitgemäßen Reisen

Mit einem Nachwort
von Katharina Bendixen

edition taberna kritika

Das Wandern ist eine der ältesten Kulturtechniken. Seit es Menschen gibt, sind sie zu Fuß unterwegs. Und seit sie schreiben können, halten sie ihre Erlebnisse dabei und die Einsichten dazu fest. In diesen Texten – Reiseberichte, Romane und Reportagen – finden sich Gedanken darüber, warum wir wandern, was wir uns davon erhoffen, wohin wir uns dabei wenden, was wir dabei erkennen. Lassen sich darin, so die Frage, der in diesem Essay Schritt für Schritt nachgegangen wird, auch Ideen für ein zeitgemäßes Reisen finden?

Inhalt

Warum zu Fuß gehen? ... **9**

Wie es anfängt ... **14**

Ein Produkt kaufen ... 16

Einen Plan haben ... 22

Keine Wahl haben ... 24

Was bisher geschah ... **28**

Migrationen ... 35

Freizeitreisen, Tourismus ... 41

Pilgerreisen, Yoga und Ego ... 44

Wohin wandern? ... **51**

In die Provinz ... 52

Auf alten Wegen ... 57

In der Imagination/virtuell ... 65

Was mitnehmen? ... **72**

Karte ... 72

Ausrüstung ... 80

Begleitung ... 84

Was erkennen? ... **91**

Natur, Umwelt, Zerstörung ... 92

Politik, Grenzen, Privateigentum ... 101

Der, die und das Fremde ... 106

Was lesen? ... **112**

Nachwort ... **117**

Warum zu Fuß gehen?

«Anfang Mai plane ich eine Auszeit», schreibt Reto Gerber, «deshalb suche ich einen guten Ort für eine ca. zwei- bis vierwöchige Ayurveda-Kur in Europa, Mexiko, Sri Lanka oder Indien. Könnt ihr mir Empfehlungen geben?» Die Antworten auf den Post umfassen einige Tipps, aber auch kritische Stimmen. «Ich denke», schreibt etwa Marvin, «unsere Erde könnte auch eine ‹Ayurveda-Kur› gebrauchen.» Während andere, wie Mona und Yildiz, sich an ähnliche eigene Reisen erinnern: «Das Privilege Ayurveda in Wadduwa, Sri Lanka, kann ich wärmstens empfehlen!» Robert Hutter hingegen fragt, «ob es Sinn macht, für einen zweiwöchigen Kurs nach Indien zu fliegen». Nachdem er diese Kommentare gelesen hat, stellt Reto sich die Frage, wie und wohin er denn überhaupt reisen soll. Gibt es eine Möglichkeit, ohne schlechtes Gewissen trotzdem Neues zu entdecken, sich abzulenken und zu erholen?

Sicher ist, Reisen ist ausgesprochen beliebt. Die Profile sozialer Netzwerke wimmeln von Stränden, Pools, Bergen und Sehenswürdigkeiten. Und auch Schriftstellerinnen und Schriftsteller, Journalistinnen, Reporter reisen dauernd herum, ob auf Lesereise, Recherche oder zum Spaß. Diese Texte ermöglichen es, an längst vergangenen, kaum erschwinglichen oder unmöglich zu realisierenden Reisen von zuhause aus teilzunehmen. Vielleicht lassen sich auch die Urlaubsfotos in diesem Sinn anschauen?

Wir wissen heute alle, dass die Umwelt leidet. Unter jeder Flugreise, unter dem Müll, unter dem Wasser- und Stromverbrauch an Orten, die für einen solchen Verbrauch, für die Entsorgung nicht ausgerüstet sind. Tiere werden aufgeschreckt. Unberührte Natur zu erleben, bedeutet in den meisten Fällen, gewaltsam in sie einzudringen, Spuren zu hinterlassen und damit das zu vernichten, was mit der Reise gesucht und dabei womöglich dokumentiert wurde.

Zuhause zu bleiben oder konstant ein schlechtes Gewissen zu haben, ist keine Lösung. Wir brauchen das Reisen als Ausgleich zum Alltag, zur Arbeit, zur Schule. Die Welt ist groß, viele leben vielleicht wie ich seit mehr als zwanzig Jahren in der gleichen Stadt und möchten noch anderes kennenlernen. Touristen oder Touristinnen wollen wir nicht unbedingt sein. Und doch sind wir als Reisende meist genauso und an denselben Orten unterwegs wie die, von denen wir uns möglichst distanzieren möchten («Da waren gar nicht so viele Touristen», erzählen wir, lesen von «Geheimtipps abseits des Mainstreams»). Vielleicht finden wir uns in Indien oder Sri Lanka selbst. Bis wir von dort zurückgereist sind, haben wir uns allerdings meist wieder verloren in all den Ärgernissen, die das Reisen mit sich bringt: Verspätungen, Umleitungen, geschlossene Türen und unfreundliche Menschen. Es muss doch auch anders gehen, denken wir, wissen aber, wie Reto, nicht genau, wie. Das hat auch die Reisebranche gemerkt. Kaum wird die Umweltschädlichkeit des Reisens öffentlich breit diskutiert, bieten Reisebüros «nachhaltiges», gar «achtsames Reisen» mit «Schadstoffkompensation» an. Gibt es das wirklich? Oder liest man sich damit bloß ein gutes Gewissen an? Handelt es sich bei «Nachhaltigkeit» um ein Produkt, das man kaufen kann, womit das Problem erledigt ist?

«Warum wird die Urlaubsreise als Höhepunkt innerhalb des Jahreslaufs angesehen, die biologisch und ökologisch eigentlich sinnlos ist, aber den ersehnten Ortswechsel mit sich bringt?», fragt Hansjörg Küster in seiner *Geschichte der Landschaft in Mitteleuropa* (S. 59). Mit dem Reisen, schreibt er, suchen wir etwas längst Vergangenes, es zeigt sich darin «die alte Prägung auf das Nicht-sesshaft-Sein». Dass der Mensch im Grund seines Wesens ein Wandernder ist. Und in der Wahl seiner Wege und Ziele geprägt durch Vorfahren, die etwa Aussichtspunkte zum Beobachten der Beutetiere nutzten. Die gleichen Orte, die vor Jahrtausenden beliebt waren, weil sie beispielsweise für die Jagd vorteilhaft waren, gelten auch heute noch als Top-Reiseziele oder bevorzugte Wohnlagen.

Die Zeiten ändern sich, mag man einwenden, und damit auch die Bedingungen. Wir sind andere Menschen. Was sollen wir denn mit den Neandertalerinnen oder den Römern gemeinsam haben, außer vielleicht gewisse Ähnlichkeiten im Knochenbau? Der Drang zu reisen ist vielleicht in unseren Genen angelegt. Wir fühlen eine starke Lust darauf, aber möglicherweise einfach, weil wir neugierig sind, aus einem Forschungstrieb vielleicht? Oder schlicht deshalb, weil wir Abwechslung suchen? Weil es uns sonst langweilig ist?

Viele entdeckten während der Schließungen der Grenzen und Freizeitlokale während der Pandemie alte Fortbewegungsarten neu: den Spaziergang oder das Wandern. Sie merkten, dass, um die Lust an der Fortbewegung zu spüren, nicht unbedingt eine weite Reise nötig ist, kein Flugzeug, kein Rollkoffer und kein Airport-Transferbus. Kein Audioguide und keine Vorreservierung. Und dass die Reise auch vor der eigenen Haustür, in der Nachbarschaft, im Vorgarten, an unbedeutenden Orten, wenn nicht gar nur in der Fantasie beginnen kann. Vielleicht erkannten sie dabei, dass an der eigenen Entdeckungstour etwas anders ist als an Hotelferien in Griechenland oder Sizilien, am Ayurveda-Hotel in Südostasien. Etwas, was dem nahekommt, was wir mit einer Reise eigentlich wollen. Nur – was ist das genau? Um diese Frage geht es hier.

In den ersten beiden Kapiteln wird zu klären versucht, was wir mit dem Wandern und Reisen überhaupt bezwecken, weshalb wir es tun und seit wann. In den folgenden Kapiteln werden aus verschiedenen Texten über das Reisen, die meisten davon wurden in den letzten zwanzig Jahren publiziert, Ideen gewonnen, wie man seinen eigenen Weg gehen könnte, ohne damit noch mehr Schaden anzurichten. Wohin wir, abseits der Masse, wandern können. Es handelt sich hierbei bloß um Denkanstöße, um Ideen. Dieses Buch ist weder ein Reiseführer noch ein Ratgeber; dieses Buch ist ein Steinbruch. Eine

Sammlung aus Gedanken und Erlebnissen anderer. Eine andere Auswahl an Texten mag zu anderen Einsichten führen.

Wie es anfängt

«Beim Gehen sah ich, dass die Behauptung, in Los Angeles könne man sich nur mit dem Auto bewegen, nicht wahr ist», schreibt der Bieler Schriftsteller Jörg Steiner in einem Bericht über seine Reise nach Kalifornien im Jahr 1966 mit dem Titel *Ein Kirschbaum am Pazifischen Ozean*. Bereits auf dem Hinflug rät ihm sein Sitznachbar, sich ein Auto zu mieten. Steiner geht stattdessen zu Fuß durch die Stadt. Dabei erntet er misstrauische und mitleidige Blicke, wird verdächtigt, ein Landstreicher zu sein, man möchte ihm sogar Geld zustecken. Unbeirrt geht er zu Fuß weiter. Wandern heißt zunächst einmal: seinen eigenen Weg gehen. Möglichst aus eigener Kraft, ohne viel Material, nur mit den wichtigsten Hilfsmitteln, die sich tragen lassen. Und es bedeutet, diesen Weg unbeirrt weiterzugehen, auch wenn Hindernisse ihn versperren. Wer abseits von Wanderwegen wandert, muss unter Umständen sein Recht verteidigen, aus eigener Kraft gehen zu dürfen. Denn aus Sicht der Mehrheit tut er oder sie damit etwas Seltsames.

Torbjørn Ekelund, ein norwegischer Schriftsteller, der, wie er berichtet, aufgrund einer akuten Epilepsie nicht mehr Auto fahren darf, ist, nachdem er die Diagnose verarbeitet hat, eher erleichtert darüber, nun überallhin zu Fuß gehen zu können, und erfreut sich daran. In seinem Buch *Gehen – eine Wiederentdeckung* grenzt er das Wandern wie folgt vom Gehen ab:

> *Wandern* unterscheidet sich vom Gehen durch drei wichtige Aspekte. Erstens ist Wandern mit einer Erwartung im Hinblick auf eine gewisse Länge verknüpft. ... Zweitens beinhaltet Wandern, dass man über etwas Wichtiges nachdenkt und unterwegs die Ästhetik der Landschaft zu würdigen weiß. Und drittens wird Wandern fast immer auf Wegen praktiziert. (S. 125)

Ein längeres Gehen also (ein kürzeres Gehen wäre der Spaziergang), bei dem man sich allerlei Gedanken macht und Wegen folgt. Das klingt ziemlich simpel, ist aber doch – wie Jörg Steiners Beschreibung zeigt – bald einmal mit Widerstand verbunden. Weil die Fortbewegung, das Reisen heute in der Regel eben anders ablaufen müsste. Auch Ekelund trifft auf Misstrauen, als er weitere Strecken zu gehen beginnt, und stellt fest:

> In heutiger Zeit erscheint es als geradezu ziel- und sinnlose Tätigkeit, eine Landstraße entlangzugehen. Macht man es dennoch, halten einen viele Menschen für suspekt. Was stimmt nicht mit dem, fragen sie sich. Wieso hat er kein Auto? Weshalb nimmt er nicht den Bus? Was macht der da am Straßenrand? Ist er krank? Oder verrückt? (S. 126)

Wenn es hier um das Wandern geht, ist damit zunächst die konkrete Handlung gemeint, wie sie Ekelund beschreibt. Sie muss nicht unbedingt zu Fuß stattfinden, da ja nicht alle Menschen gut genug gehen können; es geht um die Sorgfalt, das Schritttempo, darum, dass die Umgebung wahrgenommen und ein eigener Weg verfolgt wird. Das ist beispielsweise auch mit dem Rollstuhl möglich, wie Maximilian Dorner in seinem Bericht über seine Erkundigung New Yorks *Die Gabe der Langsamkeit* zeigt (zuerst erschienen unter dem Titel *Lahme Ente in New York*). Es ist mit Wandern hier aber auch im weiteren Sinn ein Unterwegssein gemeint, das in einer kulturgeschichtlichen Tradition steht, eine historische Dimension hat und Teil der menschlichen Lebensweise ist. Das also mit einem Bewusstsein verbunden ist, Teil einer Geschichte, einer politischen Situation und einer möglichen Entwicklung zu sein. Wandern in einem weiteren Sinn umfasst jede Bewegung im Raum, jeden Ortswechsel im Leben Einzelner oder von Menschengruppen. Das schließt auch Urlaubsreisen, Auswandern und Berufswandernde mit ein. Die folgenden drei Beispiele zeigen unterschiedliche Formen des Wanderns auf: Indem man ein Produkt kauft, einen Plan hat oder indem man keine Wahl hat.

Ein Produkt kaufen

Eine Ferienreise zum Beispiel kommt in vielen Fällen vielleicht so zustande, wie der Urlaub, den der französische Erfolgsschriftsteller Michel Houellebecq in seiner Erzählung *Lanzarote* schildert. Indem ein Reisewilliger oder eine Reisewillige sich im Reisebüro von einer Reiseexpertin oder einem Reiseexperten beraten lässt und dabei die Reise als («wohlverdientes», «sich zu gönnendes») Produkt erwirbt. Houellebecqs Erzähler macht sich nach dem Kauf Gedanken über die Magie oder den Zauber, der dem

Produkt «Reise» anhaftet: «Das Gespräch zwischen Reiselustigem und Reisevermittler», schreibt er, «neigt gewöhnlich dazu, den Rahmen der Verkaufsbeziehung zu übersteigen; tatsächlich aber enthüllt erst der Handel mit dieser Trägersubstanz der Träume, der ‹Reise›, den Gehalt jeder Geschäftsbeziehung – etwas Mysteriöses, zutiefst Menschliches, ja gerade Mystisches» (S. 8).

Verkauft wird etwas, was eigentlich keinen Preis haben kann, was keine Ware ist, kein Gegenstand, sondern ein Versprechen oder eine Möglichkeit. Die Reise ist die Substanz, aus der die Kunden ihre Träume formen können; der Handel damit wird zum magischen Akt. Woraus diese Substanz besteht, dazu finden sich in der Erzählung keine Angaben. Was geschieht, wenn diese mystische Substanz in profane, marktfähige Einheiten zerlegt wird, zeigt Michel Houellebecqs Text jedoch detailliert auf. Der Versuch des Protagonisten, seine Träume zeitnah und innerhalb seiner Budgetvorstellungen umzusetzen, läuft auf eine Woche im Hotel Bougainville Playa auf der Insel Lanzarote hinaus, die vom Reiseanbieter wie folgt quantifiziert wird:

> 3290 Franc die Woche, alles inklusive, Abflug von Paris am 9., 16. und 23. Januar. Vier-Sterne-Hotel, landesüblich. Zimmer mit volleingerichtetem Bad, Föhn, Klimaanlage, Telefon, TV, Minibar, Privattresor gegen Gebühr, Balkon mit Poolblick (oder Meerblick gegen Aufpreis), 1000 m^2-Schwimmbecken mit Whirlpool, außerdem Sauna, Hamam, Work-Out-Area. 3 Tenniscourts, 2 Squashfelder, Minigolf, Tischtennis. Tanzdarbietungen, Ausflüge ab Hotel (Programm vor Ort

> erhältlich). Unfall und Reiserücktrittskostenversicherung eingeschlossen. (S. 11 f.)

Diese Menge an Zahlen, Optionen und Fakten soll es wohl ermöglichen, verschiedene Abläufe zu erträumen, ähnlich wie die Menge an Kleidern im Rollkoffer mögliche Situationen vorwegnimmt, die man auf der Reise erleben könnte. Houellebecqs Erzähler spielt auf der Reise dann auch ein paar dieser Möglichkeiten durch, Ausflüge, Fahrten über die Insel, Begegnungen mit Fremden, Sex mit Unbekannten. Das zentrale Problem, die Einsamkeit des Erzählers, wird aber nicht überwunden. Auch wenn viele Wahlmöglichkeiten versprochen werden – sie finden in einem engen, vorbestimmten Rahmen statt. Insofern bleibt die Auswahl passiv, denn die Optionen sind vorgegeben, vorgedacht und ihre Ausführung wird unterstützt. Der Reisende bleibt also zumeist untätiger Konsument.

Das gilt indes nicht für Michel Houellebecq selbst, der ja diese Reise nicht nur als Verbraucher unternommen hat, sondern auch, um darüber zu schreiben. Houellebecq war also in einer anderen Situation, als es der Erzähler dieser Geschichte ist, er war als Arbeiter in Lanzarote, auf Geschäftsreise, und nicht als Feriengast. Er hat sich selbst beobachtet als Teilnehmer wie auch alle anderen und war damit zugleich Subjekt wie auch Objekt seiner Beschreibung. Entsprechend deprimierend müssen die anderen Gäste, die allein zur Entspannung dort waren, und auch seine eigene Situation auf ihn gewirkt haben. Von Nachhaltigkeit und Tiefe ist ein solches

Reisen weit entfernt – und die ständige Reflexion verunmöglicht es erst recht, daran Gefallen zu finden. Anstelle der Umgebung, der Natur wird eher die Glasglocke fokussiert, durch die man sie wahrzunehmen gezwungen ist. Und je genauer man diese betrachtet, desto deutlicher wird die Trennung von jener sichtbar.

Eine ähnliche Situation wird in einer Reportage über eine Kreuzfahrt geschildert. Der amerikanische Schriftsteller David Foster Wallace beschreibt die Eigenarten einer solchen All-inclusive-Sorgenfrei-Tour 1996 für das *Harper's Magazine*. Auf Deutsch ist eine erweiterte Fassung als Buch mit dem Titel *Schrecklich amüsant – aber in Zukunft ohne mich* erschienen. Der Erzähler, es handelt sich offensichtlich um David Foster Wallace selbst, ist ein ausgesprochener Misanthrop und Agoraphobiker, der vor allem in seiner Kabine sitzt, sich beim Zimmerservice Essen bestellt und bevorzugt dann nach draußen geht, wenn die anderen Gäste gerade auf Landgang sind. Um seinen Auftrag der Recherche vor Ort dennoch ausführen zu können, muss er aber doch immer wieder aus dem Zimmer und probiert unter anderem das ganze Freizeitangebot durch – vom Pingpongturnier bis zur Polonäse. Was ihm am meisten zu denken gibt, ist die exzessive Verwöhnung der Gäste. Alles Anstrengende wird ihnen abgenommen, vom Gepäcktransport bis zum Bereitstellen und Wechseln von Badetüchern am Pool, dem Zubereiten und Servieren etlicher Mahlzeiten, gefolgt von Zimmerservice. Die Gäste brauchen sich um nichts zu kümmern, sie werden gefüttert und gebettet, sie können und sollen sich nur erholen und bedienen lassen. Sie werden also in eine vollkommen passive Rolle gedrängt, was Wallace peinlich ist und missfällt. Dieses in Werbebroschüren oft als Verkaufsargument erwähnte Verwöhnen wird auf Englisch mit dem Begriff «to pamper» wiedergegeben, der unweigerlich an den bekannten Windelhersteller denken lässt. Wallace sieht denn auch, das Bild weiterführend, das Kreuzfahrtschiff als eine Art Gebärmutter, in die die Gäste wohlig entspannt zurückkehren dürfen, im Fruchtwasser oder Meer schaukelnd, ernährt, gewärmt und gehätschelt, zum Embryo oder Kleinkind regrediert. Nun, Wallace ist auf diesem Schiff mit seiner Kritik wahrscheinlich allein, wie Nataniel Christgau im letzten Teil einer Serie von Essays über Wallace in der Literaturkritik-Zeitschrift *Die Wiederholung* feststellt:

> Dass … irgendjemand auf diesem Schiff sonst so empfunden hat wie Wallace, scheint mir unwahrscheinlich. Ist es nicht einfach so, dass die anderen Kreuzfahrtbesucher, die nicht dafür bezahlt wurden, auf diesem Schiff zu sein, sondern dafür bezahlt haben, einfach nur Spaß hatten? Und: Könnte es nicht sein, dass eine solche Haltung, die man als schreibende Haltung dem Leben gegenüber kennzeichnen kann, eine zutiefst beobachtende Einstellung ist? (S. 83)

Auch in diesem Text – wie bei Houellebecq – ist eine «schreibende Haltung dem Leben gegenüber» auszumachen, die allerdings keine ausschließlich beobachtende, passive ist. Wallace ist beruflich auf dem Kreuzfahrtschiff unterwegs. Er kann sich nicht entspannen oder hingeben, selbst wenn er es wollte, weil er ja einen Bericht verfassen muss. Er kann sich nicht gehen lassen, kann nicht im Zimmer bleiben und fressen oder sich verwöhnen lassen, da er recherchieren muss. Anders als in Houellebecqs Erzählung werden bei Wallace auch die Momente erwähnt, in denen er den Text notiert. Sein Erzähler gibt sich als derjenige zu erkennen, der den Bericht schreibt. Bereits vor dem Einsteigen sitzt er zum Beispiel mit einer Krawatte am Hals und einer Kladde auf den Knien abseits der anderen Gäste (die in Freizeitkleidung miteinander plaudern), um seine Eindrücke festzuhalten. Mit dieser Haltung, nur halb beteiligt am Geschehen, aber doch davon betroffen und dieses gleichzeitig reflektierend, findet sich der Reisende Wallace in einer anderen Situation als die Touristen. Wer wie Wallace oder Houellebecq eine reflektierende Haltung einnimmt, kann bei diesen Angeboten nicht mehr vorbehaltlos mitmachen. Er oder sie nimmt zum Beispiel die Arbeitsbedingungen der Menschen wahr, die mit dem Verwöhnen der Gäste beschäftigt sind. Erkennt die Schäden, die solche Reisen verursachen, macht sich Gedanken über die Verunstaltung der Landschaft, den Dreck und den Abfall. Und empfindet die Traurigkeit, die über allem schwebt, wenn Menschen sich in Niedriglohnländern oder auf einem schwimmenden Shoppingcenter von Billigarbeitskräften vermeintlich wohlverdient als Kleinkind in Luxus wickeln und hätscheln lassen. Die reflektierende Haltung führt auch hier dazu, dass vor allem der Rahmen, die Verpackung oder die Glasglocke hinterfragt werden, durch die man die Reise wahrnimmt. Sie tritt zu stark in den Vordergrund und verunmöglicht es, einen eigenen Weg zu gehen. Wer diese Art von Reiseangeboten hinterfragt, kann nicht mehr davon profitieren und befindet sich in einer ähnlichen Lage wie die Schriftstellerin. Wer selber aktiv werden will, wird sich einen Plan ausdenken. Beispiele dafür folgen im nächsten Kapitel.

Einen Plan haben

Es existieren zahlreiche Schilderungen über individuellen Reisen mit schmalem Budget. Ich möchte hier bloß auf ein paar schöne Beispiele verweisen, etwa auf Tina Uebels Bericht *Uebel unterwegs*, in dem sie beschreibt, wie sie auf dem Landweg mit der Eisenbahn von Hamburg nach China reist, um dort im Goethe-Institut eine Lesung zu halten. Oder auf den Bericht *Auf einem blauen Elefanten* von Christoph D. Brumme über eine lange Reise von Berlin aus durch Hunderte Kilometer Russland mit dem Fahrrad. Die Reise ist gut geplant und der Bericht darüber mit Fotos eindrücklicher Mosaike dekoriert. Ferner gibt es viele Reportagen über unbekannte Gegenden, etwa die von Kristian Ditlev Jensen mit dem Titel *Von japanischen Brotbüchsen, indischen Göttern, komischen Alpendialekten, süßen Südstaaten, afrikanischen Kriechtieren und der Köstlichkeit des langsamen Reisens,* die sehr lesenswert sind, wenn sie auch das Versprechen aus dem Titel nicht ganz einhalten, dass es dabei um das langsame Reisen geht. Jensen reist mit dem Zug in fünf Kontinenten herum, das Ziel dieser Reisen ist jeweils die Berichterstattung über ein Thema und nicht das Wandern selbst. Dabei zeigt sich eine gewisse Nostalgie des Verfassers in der Materialwahl:

> Ich wollte gern die Tradition der alten handgeschriebenen Reisebeschreibungen wiederaufleben lassen: Ganz ohne Fotos, einfach nur die Worte. Der Stil sollte persönlich sein. Und der Text müsste Sinnlichkeit ausstrahlen. Das führte unter anderem dazu, dass alle Reiseberichte dieses Buches mit Füller und Tinte in ein dickes, in Leder gebundenes Buch geschrieben sind. (S. 12)

Ob auch er die mythische Trägersubstanz der Träume festhalten will, die Magie des Reisens, für die ein simpler Notizzettel nicht ausreicht? Und was bringt Christoph D. Brumme dazu, nach all der anstrengenden Strampelei auch noch genaustens zu notieren, was er erlebt hat? Was diese verschiedenen Berichte vereint, ist, dass ihre Verfasserinnen ein bestimmtes Ziel verfolgen. Das kann ein Reiseziel sein (bei Tina Uebel), eine bestimmte Reiseroute (bei Christoph D. Brumme) oder die Berichterstattung über ein bestimmtes Thema, zu deren Zweck ein bestimmter Ort bereist wird (bei Kristian Ditlev Jensen). Im Fokus steht dabei also das – meist selbst gesetzte – Ziel, während die eigentliche Reise den Rahmen darstellt, Mittel zum Zweck ist. Sie muss so gestaltet sein, dass sich das Ziel (rechtzeitig, innerhalb des Budgets) erreichen lässt. Uebels Ziel ist es,

China auf dem Landweg zu erreichen, um dort an einem bestimmten Tag eine Lesung zu halten. Brumme will während einer festgelegten Zeit eine bestimmte Strecke mit dem Rad zurücklegen.

> Es ist meine erste längere Reise mit dem Fahrrad. Nur das Ziel steht fest, Saratov. Für die Ukraine habe ich zwei bis drei Monate Zeit. Für Russland leider nur einen Monat, da ein längeres Visum schwer zu bekommen ist. (S. 10)

Und Jensen wird wahrscheinlich Abgabetermine einhalten müssen für seine Reportagen. Eine gewisse Zeitnot oder ein Ende, nach dem wieder die Normalität folgt, ist also bereits bei der Planung dieser Reisen zu erkennen. Sie sind nicht die Normalität, sondern eine Auszeit davon. Ähnlich also wie gebuchte Ferien bedeuten auch diese Wanderungen eine Ausnahme vom gewohnten Leben. Und diese Ausnahme ist selbst gewählt. Der Fokus liegt darauf, das Ziel zu erreichen. Dazu muss man sich dem Plan, den man selbst erstellt hat, unterwerfen. Am Ende steht eine Botschaft, eine Bilanz, erreicht oder nicht.

Keine Wahl haben

Eine weitere Art des Unterwegsseins findet sich bei Menschen, deren Beruf oder Schicksal das Reisen ist, die also immer schon oder seit längerer Zeit täglich wandern. Typische Berufsreisende sind etwa Flugbegleiter, Fernfahrerinnen oder Vertreter. Hierbei handelt es sich um ein Wandern, ein Reisen, das nicht freiwillig unternommen wird. Das eine Lebensform ist. Bei dem keine Wahl besteht und genau genommen auch kein Ziel, das keiner tiefergehenden Absicht folgt als derjenigen, zu wandern, weil die eigene Existenz davon abhängt oder weil Existenz und Wandern dasselbe sind. Ein Beispiel für ein lebenslanges Wandern ist etwa Aglaja Veteranyis Schilderung *Warum das Kind in der Polenta kocht*. Darin wird eine Kindheit und Jugend beschrieben, die durch ein ständiges Reisen geprägt ist. Die Erzählerin fährt bereits als Kind in einem Zirkus mit. Kurzzeitig kommt sie in ein Heim, um dann als Jugendliche in einem Varieté aufzutreten. Sie lebt größtenteils in Wohnwagen und Hotels. («Der Zirkus ist immer im Ausland. Aber im Wohnwagen ist das Zuhause. Ich öffne die Tür vom Wohnwagen so wenig wie möglich, damit das Zuhause nicht verdampft», S. 10).

Bei dieser Art zu wandern ist das Wandern die Normalität, es gibt höchstens Auszeiten davon. Interessanterweise träumt die Erzählerin bei Veteranyi dann auch stets von «unserem Haus», von der Sesshaftigkeit, während sie ständig unterwegs ist.

Auch die Reisereportagen von Ryszard Kapuściński beschreiben ein Unterwegssein als Daseinsform. Oft argwöhnt man beim Lesen, die Reportage habe eher dem Wandern gedient, sei ein Vorwand dafür gewesen, zu wandern, als umgekehrt. Bei ihm scheint das Reisen einer Lebensform nahezukommen und nicht bloß der Berichterstattung über ein bestimmtes Thema zu dienen. In seinen Vorlesungen zum Thema *Der Andere* erklärt er:

> Wenn ich hier von Reisen spreche, denke ich natürlich nicht an touristische Abenteuer. Für uns Reporter ist die Reise eine Herausforderung und Anstrengung, Mühsal und Opfer, eine schwierige Aufgabe, ein ambitioniertes Projekt, das wir verwirklichen wollen. Während des Reisens spüren wir, dass etwas Wichtiges geschieht, dass wir an etwas teilhaben, bei dem wir oftmals zugleich Zeuge und Teilnehmer sind, dass uns eine Pflicht auferlegt wurde, dass wir verantwortlich sind für etwas. Wir sind nämlich verantwortlich für den Weg. (S. 12 f.)

Als Reporter ist Kapuściński ein (ständiger) Beobachter. Aber er ist Teil der Situation, die er beschreibt, und verändert sich mit ihr, es ist also zugleich betroffen und beteiligt und deshalb nicht vollständig passiv.

Seine Äußerung gibt Hinweise auf die Perspektive, aus der Beschreibungen dieser Art des Wanderns in der Regel stattfinden. Am ehesten zu beschreiben ist diese Perspektive vielleicht als diejenige, die Roland Barthes in seinem Aufsatz *Schreiben, ein intransitives Verb?* aus der Grammatik des Verbs entwickelt, welches zwei Zustände haben kann, aktiv und passiv. In einigen älteren Sprachen wie etwa Indogermanisch oder Griechisch existierte zudem eine Form zwischen Aktiv und Passiv, das Medium. Das gängige Beispiel für diesen Zustand ist das Verb «sich opfern», bei dem die Person, die sich opfert, zugleich Handelnde und Leidende ist. Barthes nun überträgt dieses Konzept auf das moderne Schreiben, womit er ein Schreiben meint, das die Person der Autorin oder des Autors zum Thema hat, wobei sie zugleich handelnd und leidend ist, indem sie ihr Leiden beschreibt und selbst Thema ist. Ich denke, dass auch das erzählte Wandern im Medium gesehen werden kann. Die Person, die wandert (und darüber schreibt oder berichtet), ist zugleich handelnd und leidend, passiv und aktiv, Subjekt und Objekt. Sie selbst gibt den Impuls für die Bewegung, von der sie profitiert, indem sie Eindrücke gewinnt, an der sie aber auch leidet, da es ihre eigenen Kräfte sind, an denen das Wandern zehrt. Sie gibt die Richtung vor, der sie dann auch zu folgen hat. Sie kreiert das Konzept, das sie mit ihren eigenen Kräften realisieren muss. Sie stellt die Regeln auf für das Spiel, das sie anschließend zu gewinnen versucht. Das haben Wandern und Schreiben gemeinsam.

Deutlich zelebriert Tomas Espedal die Einheit von Wandern und Schreiben in seinem Buch *Gehen. Oder die Kunst, ein wildes und poetisches Leben zu führen.* Er wandert im Anzug und mit weißem Hemd. Denn das Gehen ist als Schriftsteller sein Beruf. Er ist als Schreibender also beim Gehen bei der Arbeit, deshalb trägt er auch Arbeitskleidung.

Was bisher geschah

Manche gehen davon aus, dass der Wechsel zum aufrechten Gang durch einen Wandel des Kimas und der Umweltbedingungen ausgelöst wurde. Um trotzdem Nahrung zu finden, mussten die Menschen, die vorher eher wie Affen gelebt hatten, von den Bäumen herabsteigen und sich zu Fuß in die Steppe hinausbegeben und Beutetiere jagen. Damit sie besser sehen und weiter wandern konnten, richteten sie sich auf, folgten den Spuren der wilden Tiere, jagten sie, ernährten sich von ihnen und verteilten sich nach und nach über die ganze Erde. Zu jener Zeit, vor Tausenden von Jahren, waren die Menschen erstmals in der Lage, weitere Strecken wandern zu können, weil diese Art (aufrecht) zu gehen energiesparend war und auch besser vor der Sonne schützte. Hansjörg Küster fasst diese Entwicklung in seiner *Geschichte der Landschaft in Mitteleuropa* wie folgt zusammen:

> Mit dem Zurückweichen des Eises [nach der Eiszeit] wurden die Lebensräume für Rentiere und Menschen größer. Die Menschen folgten den Rentieren, brachen immer wieder ihre Zelte ab und schlugen sie anderswo wieder auf. (S. 57)

Andere, wie etwa die amerikanische Journalistin Rebecca Solnit (auf deren Werk *Men Explain Things to Me* der Ausdruck «Mansplaining» zurückgeht), kritisieren diese Theorien als Ausdruck männlicher Fantasien. Dabei erwähnt sie in ihrem Buch über

Wanderlust auch absurdere Theorien wie diejenige, dass der aufrechte Gang zustande kam, damit die männlichen Menschen ihr Genital zur Einschüchterung der Gegner präsentieren konnten. Außerdem weist sie darauf hin, dass für die weiblichen Menschen durch den aufrechten Gang die Geburt beschwerlicher wurde. Sie beschreibt im Weiteren vor allem ihre eigenen Wanderungen in einem Nationalpark namens Joshua Tree.

Da der Meeresspiegel damals tiefer lag, gab es Landbrücken wie zum Beispiel die Beringstraße zwischen Asien und Amerika, welche die frühe Besiedlung Amerikas ermöglichte. Birger Solheim, norwegischer Germanist und Extremwanderer, formuliert es in seinem Buch *Extremwandern und Schreiben* so:

> Das lange Umherreisen auf Straßen, Pfaden, in Wäldern und in den Bergen war einerseits eine Tugend in der Not: Der Mensch musste wandern, um Essen zu finden, um neue Jagdterritorien zu finden und um Krieg und Not zu entkommen. Andererseits müssen wir auch fragen, ob es dann nur Not war, die den Menschen schon vor 15'000 Jahren dazu brachte, die Beringstraße zu überqueren. Bereits 10'000 Jahre vor Christus war die Weltkugel von Menschen erobert – zu Fuß. Vieles spricht dafür, dass es nicht nur Not, sondern auch Abenteuerlust war, die den Menschen auf Wanderschaft gebracht hat. Oder: eine tiefe Neigung, sich zu bewegen. (S. 10 f.)

War es vielleicht wirklich, wie Solheim behauptet, mehr als Notwendigkeit und neben dem Zwang zur Nahrungssuche oder Evolution auch eine Lust, die den Menschen dazu antrieb, immer weiter zu wandern? Neugierde? Als Jägerin oder Sammler musste sich der Mensch jedenfalls immer weiter vorwagen, auch durch unwegsames Gelände. Verschiedene Ereignisse konnten ihn zur Weiterreise oder Flucht zwingen, Unwetter, Überschwemmungen vielleicht, Hitzewellen.

Einen besonderen Effekt des aufrechten Ganges beschreibt Friedrich Engels in seiner Schrift *Anteil der Arbeit an der Menschwerdung des Affen*: Wer auf zwei Beinen geht, hat die Hände frei. Für den Kampf – oder eben zum Arbeiten. Und der oder die Aufrechtgehende kann Gegenstände mitnehmen: Gepäck, Werkzeug, Proviant und Waffen. Das erst ermöglicht es, längere Zeit in der Wildnis zu überleben und weite Strecken zurückzulegen.

Die erste Lebensform des Menschen im heutigen Sinn war diejenige des Nomaden, des stetig weiter Umherwandernden. Nach und nach setzte sich aber eine andere Lebensform durch, diejenige der Ackerbauern, die sesshaft wurden. In Mesopotamien und später auch in Anatolien und in der Balkanregion ließen sich die Menschen nieder, bauten Hütten und pflanzten Getreide an. Einer der Gründe dafür mag wiederum ein Wandel des Klimas gewesen sein, der dazu führte, dass es weniger Tiere gab, die sie jagen und essen konnten. Eine Theorie, der etwa der Evolutionsbiologe Josef Reichholf in seinem Buch *Warum die Menschen sesshaft wurden* widerspricht mit dem Argument, dass es dann auch keine anderen Raubtiere mehr gegeben hätte, denn diese sind noch viel stärker vom Wild abhängig als der Mensch. Er legt stattdessen einleuchtend dar, dass das angepflanzte Getreide wohl eher zum Bierbrauen (und als Tierfutter) genutzt als gegessen wurde. Denn es kam mit der Getreidezucht auch das Zähmen von Tieren auf, die begleitet von frisch gebrautem Bier während eines Festmahls verzehrt werden konnten. Es handelte sich dabei also um eine Fleischreserve für besondere Gelegenheiten. Der Mensch gab sich, sesshaft geworden, dem Fressen und Saufen hin.

Mit der Entdeckung der Landwirtschaft änderte sich nicht nur die Ernährung, sondern nach und nach die gesamte Lebensform der Menschen. Ihre Wanderungen wurden kürzer. Denn Getreide braucht mehrere Monate, um zu reifen. In dieser Zeit kann man es nicht zu lange außer Acht lassen. Der amerikanische Politikwissenschaftler James C. Scott verbindet diesen Übergang (der andernorts auch «neolithische Revolution» genannt wird), in seinem Buch *Die Mühlen der Zivilisation* mit verschiedenen weitergehenden politischen und gesellschaftlichen Veränderungen. Er stellt fest, dass mit dem Aufgeben des Jagens und Sammelns die Menschen dichter gedrängt lebten und demnach anfälliger für Seuchen wurden. Sie bewegten sich weniger und ernährten sich einseitiger – insgesamt litt also unter dem Sesshaftwerden ihre Gesundheit. Dass dabei der erhöhte Bierkonsum auch eine Rolle spielt, ist nicht erwiesen. Was mit der Sesshaftigkeit auch möglich wurde, war die Entstehung von Staaten – und das Erheben von Steuern. Denn in den Feldern, auf den Weiden und in den Vorratskammern wurde der Besitz gut sichtbar, vergleichbar, bezifferbar und es war möglich, einen Teil davon einzuziehen. Erstmals entstand eine Elite, die nicht arbeitete, sondern von Steuern und Abgaben lebte. Es bildeten sich Armeen und Polizei (um die Felder zu beschützen) und es entstand eine Art Lohnarbeit (die Feldarbeit). Es gab aber auch Abtrünnige, Barbaren, die sich weit in die Wildnis, in für Weideland nicht geeignete Gegenden zurückzogen und weiterhin dem Jagen und Sammeln frönten. Sie führten Überfälle durch und stahlen die Ernte der Sesshaften. Mit der Zeit aber betrieben sie auch immer mehr Handel und beide Formen existierten nebeneinander, bis auch die Barbaren vom Staat abhängig wurden und die nomadische Lebensform dadurch immer stärker an den Rand gedrängt wurde.

So weit die Geschichte, wie sie oft erzählt wurde. In jüngster Zeit bemühten sich die beiden Anthropologen David Graeber und David Wengrow in ihrem Buch *Anfänge* um «eine neue Geschichte der Menschheit» (so der Untertitel). Dabei konzentrieren sie sich insbesondere auf unterschiedliche Herrschafts- und Organisationsformen und zeigen, dass es bereits sehr früh auch nicht hierarchische, gleichberechtigte Gesellschaftsformen gab. Das Besondere an ihrem Ansatz ist, dass sie Schilderungen von Indigenen mit einbeziehen. Die Geschichte des Sesshaftwerdens verlief ihren Erkenntnissen zufolge nicht ganz so linear, wie sie hier gerade (wie in vielen anderen Studien auch) wiedergegeben wurde. Beispielsweise gab es auch stadtähnliche Siedlungen ohne Landwirtschaft sowie viele Misch- und Sonderformen. Es seien, schreiben Graeber und Wengrow, bereits Menschen in Amerika gewesen, lange bevor die Beringstraße überschritten wurde. Sie fuhren mit Booten die Küste entlang und ließen sich in Küstennähe nieder. Ihre Spuren seien aber durch die steigenden Meeresspiegel «ausgelöscht» (S. 177) worden. Eine Wanderung über sogenannte Wasserwege also; heute beginnt man damit, sie zu rekonstruieren. Für unseren Zusammenhang ist interessant, dass es offenbar auch landwirtschaftlich geprägte Gesellschaften ohne Eigentum gab, die, so sehen das zumindest Graeber und Wengrow, kollektiv organisiert waren und einer höheren Sache dienten, einer Religion vielleicht, einer Göttin?

Auf eine solche Sonderform, die Graeber und Wengrow nicht erwähnen, weil sie geografisch und auch zeitlich nicht in ihrem Fokus liegt, werde ich hier zu sprechen kommen. Denn sie liegt näher am Fokus dieses Textes. Die Walser, eine Gruppe von Menschen, die ursprünglich aus dem Goms, einem Alpental im Kanton Wallis, stammte und im Mittelalter aus bis heute nicht geklärten Gründen zunächst südwärts und dann ostwärts über hohe Alpenpässe wanderte, nach Italien, durch Graubünden bis nach Österreich. Sie befanden sich während und nach ihren Wanderungen in verschiedener Hinsicht außerhalb der größeren Gesellschaft: Es war den Walsern aufgrund des damals wärmeren Klimas möglich, in höheren Lagen zu siedeln, und wenn sie sich länger an einem Ort aufhielten, konnten sie dort sogar Getreide anzupflanzen. Und sie hatten ihre eigenen Gesetze und Rechte. In ihrer Existenz spielte das Wandern eine besonders wichtige Rolle; sie war vollständig darauf ausgerichtet.

Leider gibt es zu den Walsern nicht viele Quellen. Einen Bildband mit Walserköpfen, einen Walser-Roman, in dem ein Vater seinem Sohn die Walser-Lebensweise erklärt, und ein paar wenige Abhandlungen, die sich vor allem auf Rechtsfragen und den typischen Dialekt konzentrieren. Die wichtigste Frage – warum sie wanderten – ist bis heute nicht geklärt.

Wandernde, zu Fuß Gehende befinden sich auch heute noch etwas außerhalb der Gesellschaft, ihnen haftet der Ruch der Gesetzlosen, des Wilden an. Nicht nur die eingangs erwähnten Autoren Jörg Steiner und Torbjørn Ekelund werden für Landstreicher oder Wegelagerer gehalten. Auch etwa Thomas Rosenlöcher, der kurz nach der Wende eine Harzwanderung unternimmt *(Die Wiederentdeckung des Gehens beim Wandern)*, stellt fest: «[W]er hier noch zu Fuß ging und obendrein in der Landschaft herumzudeuten versuchte, war entweder betrunken oder asozial» (S. 26). Wer von weit her kommt und zu Fuß vorbeigeht, weckt erst mal Misstrauen. Bezeichnungen wie «Vagant» und «Vagabund» tragen das Umherschweifen (lateinisch *vagus*) in der abwertenden Bezeichnung, aber auch die Freiheit und die Ungebundenheit, die Vagheit, das (durch den Staat, die Steuern, die Polizei, die «Mühlen der Zivilisation») nicht Greifbare. Als schillernde Figuren spielen Umherreisende in der Literatur seit Jahren eine wichtige Rolle: Sie locken und erschrecken zugleich.

Migrationen

Die Sesshaftigkeit setzte sich mit den Jahren großflächig und beinahe weltweit durch. Parallel dazu gab es aber immer wieder Bewegungen von Menschengruppen. Mittels DNA-Analyse lässt sich heute relativ genau rekonstruieren, welche Menschen woher kamen und wohin gingen. Mit der Sesshaftigkeit, wenn sie Viehzucht und Ackerbau betrieben, waren die Menschen erstmals an ihre Scholle gebunden. Aber sie legten im Alltag trotzdem weiterhin größere Strecken zu Fuß zurück, etwa um ihre Felder zu beackern oder, viel später, um in die Kirche zu gehen. Zudem zwangen Umweltereignisse wie Dürren, Überschwemmungen auch die sesshaften Bauern dazu, in regelmäßigen Abständen weiterzuwandern. Selbst die Bauern in den Alpentälern waren eigentlich dauernd unterwegs auf einer Art Mikromigration: vom Hof im Tal zum Maien- oder Mittelsäß auf halber Höhe, von dort auf die Alp und wieder zurück. Und die Stationen dieser Reise entsprechen wohl nicht ganz zufällig denjenigen von heutigen Bergbahnen und den zugehörigen Wanderrouten, Skipisten und Rodelwegen. Als Touristin oder Tourist kann man diese Wanderungen also gewissermaßen nachspielen zum Freizeitvergnügen. Unterstützt durch technische Hilfsmittel wie Bergbahnen, Verpflegungsstätten, Unterkünfte.

Wenn man den DNA-Spuren folgt, wie das Johannes Krause und Thomas Trappe in ihrem Buch *Die Reise unserer Gene* tun, kann man auch die Wanderrouten der Makromigration (wenn man es so nennen will, der ehemals benutzte Begriff «Völkerwanderung» ist unpassend) identifizieren. Es war unter anderem dieselbe «Balkanroute», die auch heute im Zusammenhang mit der Bewegung größerer Menschengruppen bekannt ist. Vor etwa 8000 Jahren waren es anatolische Bauern, die nach und nach Europa besiedelten und das Wissen um und die Fertigkeiten für die Landwirtschaft verbreiteten. Sie vermischten sich mit den dort bereits herumwandernden Jägerinnen und Sammlern. Teilweise existierten auch beide Lebensformen nebeneinander. Migrationsbewegungen sind kein Ausnahmeereignis, das nationalstaatlich orientierte Politiker verhindern können oder sollen – sie sind Teil der Menschheitsgeschichte und stehen in einer langen kulturgeschichtlichen Tradition. Sie sind Teil dessen, was uns als Menschen überhaupt ausmacht und was uns wörtlich und im übertragenen Sinn weiterbringt.

Beispielhaft illustrieren lässt sich das ständige In-Bewegung-Sein vielleicht anhand von J. D. Vances *Hillbilly-Elegie*, in der seine Familiengeschichte erzählt wird und insbesondere sein eigener sozialer Aufstieg, den er stolz und ohne Ironie feiert. Vance beschreibt seine Vorfahren in diesem Bericht als Teil einer Migrationsbewegung aus den Appalachen in Kentucky, West Virginia oder Tennessee in die Industriezentren des Mittleren Westens. Diese Wanderung fand nach dem Zweiten Weltkrieg bis in die fünfziger, sechziger Jahre statt.

> Das Ausmaß der Bewegung war gigantisch. In den fünfziger Jahren verließen dreizehn von hundert Bewohnern von Kentucky den Staat. ... 1960 lebten in Ohio zehn Millionen Menschen, von denen eine Million in Kentucky, West Virginia oder Tennessee geboren war. (S. 38)

Interessant an Vances Beschreibung und vielleicht auch ein Grund dafür, dass seinem Buch so viel Aufmerksamkeit zukam, ist, dass es sich hierbei um eine weiße Arbeiterschicht handelt, die wandert. Vance definiert sie als «Ulster-Schotten». Schotten also, die im 17. Jahrhundert nach Irland ausgewandert waren und sich im 18. Jahrhundert in den USA angesiedelt hatten. Schottland selbst war indes schon von verschiedenen Völkern besiedelt worden, lange bevor die Ulster-Schotten es verlassen hatten. Auch diese Reise ist also keineswegs ein neues Phänomen, sondern Teil einer größeren, die Jahrhunderte überdauernden Wanderungsbewegung. Vance selber wanderte aus Ohio nach Yale, um dort zu studieren, und zog von dort weiter nach San Francisco. Reich, berühmt und konservativ geworden, kandidiert er 2022 für den Senat in seinem Heimatstaat Ohio, wohin er mit seiner Familie zurückgezogen ist und wo er sich nun unter anderem gegen die Einwanderung einsetzt.

Neben transkontinentalen Wanderungen gab es wohl immer auch kleinere Wanderungsbewegungen, die sich vielleicht nicht unbedingt in der DNA nachweisen lassen. Ein Beispiel dafür sind die bereits erwähnten Walser und Walserinnen, die im Mittelalter aus dem oberen Wallis nach Graubünden und Österreich zogen. Für den vorliegenden Zusammenhang ist interessant daran, dass sie eine Art Zwischen- oder Randposition einnahmen. Sie waren weder immer sesshaft noch stets auf Wanderung. Sie waren nicht Teil der anderen Gemeinden oder der Dorfgemeinschaften, an deren Rand sie siedelten. Sie waren aber auch nicht völlig unabhängig. Zwar bezahlten sie keine Steuern, da sie sich eben als «freie Walser» verstanden; erklärten sich aber doch bereit, Kriegsdienst zu leisten. Sie hatten Kollektivbesitz, aber doch Eigentum, wenn sie sesshaft waren. Sie waren wohl eine geduldete Ausnahme und sie waren nützlich, da sie Randgebiete unterhielten, schwer zugängliche Hänge rodeten und nutzbar machten. Ihre Spuren sind noch heute in den Schweizer Alpen sichtbar. Die beliebten Ferienorte Arosa, Klosters, Davos, Vals oder auch Zermatt waren ursprünglich Walsersiedlungen. Dort, wo es heute von Ferienwohnungen, Wanderwegen, Restaurants und Skipisten wimmelt, grasten vor 500 Jahren die Kühe der Walser. Da sie sich meist in der Höhe, am Rand der Siedlungen, aufhalten mussten, brauchten sie größere Flächen, um das Vieh weiden zu können. So entstanden die typischen Streusiedelungen, die die Berge mit ihren Tälern und Pässen miteinbeziehen. Aus dieser Perspektive ist es verständlich, dass Arosa und Davos einst zusammengehörten, denn über den Berg und mehrere Weiden hinweg sind sie quasi verbunden. Die Walserinnen und Walser befanden sich an den oberen Rändern der Siedlungen, in einer Art Zwischengebiet. Dort, typischerweise auf halber Höhe, nicht ganz im Tal, nicht zuoberst auf dem Berg, kann man ihre charakteristischen Holzhäuser noch heute entdecken.

In Melinda Nadj Abonjis vielfach preisgekröntem Roman *Tauben fliegen auf* wird die Geschichte einer Familie erzählt, die aus der Vojvodina, einer Gegend in Nordserbien, die an Ungarn grenzt, in die Schweiz auswanderte. Diese Reise zwischen Nordserbien und der Schweiz wird sodann im Laufe der Jahre immer wieder zurückgelegt, anlässlich von Besuchen bei Verwandten, und fast immer mit dem Auto. Es handelt sich um einen Mercedes und später um einen Chevrolet. Und sinnigerweise ziert eines dieser Autos auch den Umschlag. Mit der Migration hat die Familie, deren Geschichte hier erzählt wird, quasi ein ständiges Unterwegssein zwischen den beiden Orten gewonnen. Und das Auto wird zum Symbol dafür, dass diese Reise immer wieder möglich ist, und soll das vielleicht auch sicherstellen. Darauf nimmt wohl auch der Titel Bezug. Die Migration ist kein abgeschlossener Prozess, sondern resultiert in einem ständigen Unterwegssein. Eine ähnliche Feststellung findet sich auch am Anfang und als Leitmotiv passim in dem ein paar Jahre später erschienenen und auch oft preisgekrönten Werk *Die Nachkommende* von Ivna Žic:

> Fast zwölf Stunden … unterwegs, wieder einmal, kaum geschlafen, wieder einmal diese Fahrt, die weder aufhört noch irgendwas auslöst, außer die Wiederholung, außer ihre Dauer, bekannte zwölf Stunden, wo stapeln sie sich wohl, diese immer wieder neuen fast zwölf Stunden Fahrt. … Hundertmal oder waren es schon fünfhundertmal oder nur sehr viele, … waren es drei Mal im Jahr und dann vier Mal … (S. 11)

Hier geht es um die Reise mit der Bahn von Zagreb nach Zürich, die immer wieder zurückgelegt wird. Žic ist allerdings eine Generation jünger als Abonji und überblendet das ständige Unterwegssein aufgrund von Auswanderung mit dem Lebensstil der Millennials in der Gegenwart, in der sie zwischen Paris, Frankfurt und Zagreb umherreist und überhaupt ständig unterwegs ist.

Wenn auch aus einer anderen Region und Situation stammend, passen dazu die Beobachtung des Erzählers in Vances *Hillbilly-Elegie*:

> Fahren Sie am Tag nach Thanksgiving oder Weihnachten in Kentucky oder Tennessee auf die Autobahn Richtung Norden, und Sie werden sehen, dass beinahe alle Nummernschilder aus Ohio, Indiana oder Michigan sind. Die Autos sind voller verpflanzter Hillbillys, die nach den Feiertagen nach Hause zurückkehren. (S. 39)

Die Migration oder das Auswandern sind also weder historisch noch innerhalb einer Generation ein abgeschlossener, einmaliger Prozess. Vielmehr ist es ein stetiges Weiterwandern oder Wiederwandern, ein ständiges Unterwegssein. Und wie in Aglaja Veteranyis Roman *Warum das Kind in der Polenta kocht* führt dieses Unterwegssein zu einer Sehnsucht nach einem Zuhause. Die Menschen im Exil, im Ausland, entwickeln ein Heimweh, sehnen sich nach der zurückgelassenen Familie. Unterwegssein, Wandern, mag eine große Sehnsucht des Menschen sein. Die Sesshaftigkeit, die Heimat, ist auch eine und bestimmt eine ebenso große. Eines der beliebtesten traditionellen Walserlieder, das noch heute oft gesungen wird, heißt: *Heimweh nach dem Wallis.*

Freizeitreisen, Tourismus

Mit der Sesshaftigkeit kam der Wohlstand, der sich anhäufte in den Häusern, in den Ställen, in den Gemeinden. Und mit dem Wohlstand kamen erstmals Angebote für das Reisen zum Selbstzweck oder zur Sinnsuche auf. In Europa entdeckten im 18. Jahrhundert zuerst ein paar Adelige und romantische Dichter das Wandern als Hobby. Im 19. Jahrhundert wurde das Reisen als Freizeitbeschäftigung zunehmend zum Massenphänomen. Es entstand der Tourismus. Dieser Begriff geht zurück auf das französische Substantiv «le tour», die Reise, der Rundgang. Wie Fred Kaspar in einem Artikel über Badereisen in der Schweiz mit dem Titel *Reisen ins Bad – schon immer Tourismus?* schreibt, «verstand man unter diesem ‹neuen› Tourismus ein eher mehr oder weniger stetes Umherreisen» (S. 54), im Gegensatz zu vorher, als Reisen dazu dienten, ein gewisses Ziel, zum Beispiel eben ein Bad, zu erreichen, und dort ein paar Tage zur Kur zu bleiben. Es wurde also Mode, sich als Touristin oder Tourist für eine beschränkte Zeit als Wandernde zu fühlen und zu benehmen.

Da immer mehr Menschen in der Freizeit umherreisen wollten, wurde es notwendig, die Massen zu kanalisieren und eine parallele Reiseinfrastruktur aufzubauen. Mit eigenen Häusern, Küchen, Freizeiteinrichtungen und eigenen Sehenswürdigkeiten.

Zwar ist das Reisen heute für viele erschwinglich, aber es muss in der Regel schnell gehen, denn man ist arbeitstätig, schulpflichtig und hat nur ein paar Wochen Urlaub zur Verfügung, die es möglichst gut zu nutzen gilt. Deshalb braucht es Flugzeuge, Schnellstraßen, Taxis, Gepäcktransport, Transfers, Ausflüge und Mietwagen. Der Reisereporter Kapuściński bringt es in seinen *Notizen eines Weltbürgers* auf den Punkt.

> Der Massentourist bewegt sich heute in speziell für diesen Zweck errichteten, hygienischen und sicheren Tunnels durch die Welt, die ihn isolieren, abschotten und gegen die Gefahren der ihn umgebenden Welt schützen. (S. 43)

Diese Tunnels habe ich weiter oben schon als Glasglocken beschrieben. Sie eignen sich nicht besonders gut dazu, die Welt wahrzunehmen. Heute ist diese Infrastruktur flächendeckend ausgebaut, und es ist eher schwierig, beim Reisen seinen eigenen Weg zu gehen. Selbst des Massentourismus unverdächtige Wanderwege werden marktfähig gemacht und mit einem touristischen Begleitangebot versehen, wie die folgende Beschreibung des neu geschaffenen Weitwanderwegs «Via Berna» aus der Berner Tageszeitung *Der Bund* demonstriert:

> Im Unterschied zu anderen Fernwanderwegen wie dem Jakobsweg zeichnet sich die 300 Kilometer lange «Via Berna» (Schweiz-Mobil-Route 38) nicht nur durch historische oder landschaftliche Höhepunkte aus, sondern verfügt als erste Schweizer Strecke über das europäische Zertifikat «Leading Quality Trail», das hohe Standards garantiert: etwa für die zusätzliche Wegsignalisation, für die verfügbaren Unterkünfte und Verpflegungsmöglichkeiten entlang des Wegs sowie für die Anbindung an den öffentlichen Verkehr. Auch der Gepäcktransport lässt sich buchen. (28.06.22)

Das liest sich fast wie ein Kursangebot oder wie eine Ausschreibung für einen luxuriösen Yoga-Retreat (der vielleicht auch «über ein Zertifikat verfügt»). Dabei handelt es sich schlicht um einen neu signalisierten Wanderweg.

Schweiz Tourismus bietet ferner unter dem Namen «Grand Tour of Switzerland», der sich offensichtlich an den Reisen der Bildungsbürger im 18./19. Jahrhundert orientiert, seit 2015 eine signalisierte Autofahrt durch die Schweiz an, die auf der Webseite wie folgt angepriesen wird: «1643 km, 46 Top-Attraktionen, 13 UNESCO-Welterbestätten, zwei Biosphären, 22 Seen.» Hier können also die Anfänge des Tourismus in bequemer Weise nachempfunden werden. Vorgegeben ist von der detaillierten Route, Reisezeit, Übernachtungs- und Verpflegungsmöglichkeiten alles, bis hin zu den geeigneten Stellen, um Fotos zu erstellen. Dass einer solchen Reise aber vielleicht die Essenz dessen fehlt, was sie damals überhaupt interessant machte, nämlich das eigentliche Wandern mit all seinen Beschwerlichkeiten und Abenteuern, darf doch zumindest vermutet werden.

Wo aber sollen wir denn hin, wenn wir diese Tunnel vermeiden und auch sonst möglichst wenig Schaden anrichten wollen? Davon wird im nächsten Kapitel die Rede sein. Hier folgt zunächst eine weitere Entwicklung, diejenige hin zum Wandern als Sinnsuche mit dem Ziel der Selbsterkenntnis.

Pilgerreisen, Yoga und Ego

Thomas Glavinic beschreibt in seinem sehr lustigen Roman *Unterwegs im Namen des Herrn* eine Pilgerreise zum bosnischen Wallfahrtsort Medjugorje, in dem offenbar regelmäßig die Muttergottes (genannt «Gospa») erscheint. In einer größeren Gruppe reisen Thomas und sein Freund Ingo mit dem Bus von Wien über Slowenien und Kroatien zum Wallfahrtsort nach Bosnien. Angeführt wird die Reise durch einen namenlosen Reiseleiter, zu dem Thomas, der Erzähler, bald schon ein ambivalentes Verhältnis hat. Einerseits gehorcht er ihm, will alles richtig machen; andererseits ärgert er sich zunehmend über dessen Entscheidungen. Alles ist durchorganisiert, die Tage sind getaktet. Gebet, Ausflüge, Besuch von Gottesdiensten. Thomas und Ingo machen gutwillig mit. Das Dorf Medjugorje, Ziel dieser langen Reise, ist voll von Souvenirständen mit Pilgerartefakten:

> An der Hauptstraße wenden wir uns nach rechts. Auf beiden Seiten der Straße gibt es das Gleiche zu sehen, nämlich eine ungeordnete Abfolge von Souvenirläden und Lokalen, wobei die Souvenirläden erheblich überwiegen. Das Angebot ändert sich nicht wesentlich, es werden alle denkbaren Varianten von Gospagesichtern feilgeboten. (S. 49)

Nach ein paar Tagen folgsamen Mitmachens baut sich bei den beiden Neupilgern ein Druck auf, der sich erst entladen kann, als Thomas' Vater sie abholt und mit dem Auto zu einem Freund bringt. Sie fliehen also aus der organisierten Reise und kompensieren danach eifrig, was sie verpasst haben in einer unglaublichen Trink- und Partyorgie. Der letzte Viertel des Buches ist ein einziges Drogen- und Saufgelage.

Dieser vielleicht nicht ganz ernst gemeinte Pilgerbericht aus der Gegenwart unterscheidet sich wohl trotz zeitlicher und ironischer Distanz im Grunde nicht wesentlich davon, wie diese Pilgerreisen früher vonstatten gingen. Da das Pilgern so beliebt war, gab es ein kommerzielles Begleitangebot, einen Markt, durch den die Pilgernden in einer weitgehend durchorganisierten Reise wanderten oder geschleust wurden. Ansgar Wildermann beschreibt in seinem Artikel über das *Pilgerwesen* im Historischen Lexikon der Schweiz, wie die Industrialisierung die Pilgerfahrten beeinflusste:

> Das in der zweiten Hälfte des 19. Jahrhunderts in ganz Europa geschaffene Eisenbahnnetz erlaubte nun immer mehr Menschen, auch Alten und Kranken, ohne

> große körperliche Anstrengungen, ohne Gefahr und ohne übermäßige Kosten auf Pilgerfahrt zu gehen. Für viele Gläubige blieb es die einzige große Reise ihres Lebens. … Neue, durch die industrielle Massenproduktion ermöglichte, einheitliche Marienbildnisse der Jungfrau ohne Kind verbreiteten sich in den Kirchen und Wohnungen. (O. S.)

Diese Art Pilgerreisen waren und sind heute noch Inszenierungen für ein Massenpublikum. In dieser Hinsicht unterscheiden sich Pilgerinnen nicht so stark von Touristinnen; die einen kaufen sich Marienbilder, die anderen kleine, ebenso massengefertigte Statuen des Eiffelturms oder des Kolosseums. Andreas Altmann, der später viele interessante Reisen unternahm und zahlreiche Reiseberichte veröffentlichte, wuchs als Sohn eines Devotionalienhändlers auf. In seiner Autobiographie *Das Scheißleben meines Vaters, das Scheißleben meiner Mutter und meine eigene Scheißjugend* beschreibt er das Angebot an spirituellen Souvenirs im Pilgerort Altötting in Oberbayern mehrmals akkurat, zum Beispiel so:

> Inventur eines Rosenkranzreichs: 1176 «Weihwasserkessel», 1246 «Meine ersten Gebete», 793 «Haussegen» (Segenssprüche für ein gesegnetes Heim), 8482 «Wallfahrerzeichen» (Anstecknadeln), 1798 «Minifotoapparate» (jene zündholzschachtel-kleinen Plastikboxen, durch die man per Knopfdruck die «heiligen Stätten» Altöttings betrachten konnte), 544 Schutzengel, 212 Krippen aus Holz, 226 Krippen aus Gipsmaché, 1254 Krippenesel, 1198 Krippenschafe, 967 Krippenochsen, 166 Versehgarnituren (ein kleiner Hausaltar mit allen Schika-

> nen für die letzte Ölung), 2456 Christophorus-Plaketten (für katholische Autofahrer, zum Anschrauben oder mit Magnet), 879 Grablichter, 1167 «Kreuze ohne Gekreuzigten», 1865 «Kreuze mit Gekreuzigtem». ... Eben der ganze heilige Bimbam, unser täglich Brot. (S. 114)

Nun, beim Pilgern geht es selbstverständlich um mehr als um das Kaufen von Andenken. Es geht um eine innere Reise, die sich zugleich mit der physischen Reise abspielen und ein ständiges Gebet sein soll. Diese innere Reise wurde in den letzten Jahren allerdings immer unbestimmter, verliert dabei jedoch nicht an Anziehungskraft. Im Gegenteil. Robert Macfarlane, der auch in Spanien auf *Alten Wegen* wandert, wo der beliebte Jakobsweg durchführt, stellt zum Beispiel fest:

> Offenbar gab es Tausende ... improvisierter Pilgerreisen, meist ohne die Weisung einer großen Weltreligion und von unterschiedlicher Ernsthaftigkeit und Heiligkeit. Das Hinterland füllte sich mit wild wallfahrenden Exzentrikern, die glaubten, ihre Reise ins Äußere würde zur Reise ins Innere. (S. 206)

In neuerer Zeit wird die religiöse Wanderung zunehmend zu einer unbestimmten Sinnsuche oder zum Teil der Selbstverwirklichung. Hape Kerkeling beschreibt in seinem Bestseller *Ich bin dann mal weg*, an dem kaum vorbeikommt, wer sich mit dieser Thematik in der Gegenwart beschäftigt, wie er seine Spiritualität entdeckt. Bereits am Anfang des Buches erkennt der Komiker und Fernsehmoderator:

> Anscheinend weiß ich ja nicht mal so genau, wer ich selbst bin. Wie soll ich da herausfinden, wer Gott ist? Meine Frage muss also ganz bescheiden lauten: Wer bin ich? (S. 22)

Nachdem er den ganzen Pilgerweg bis Santiago de Compostela zurückgelegt hat, kommt er zu folgender tiefgreifenden Einsicht:

> Mein Pilgerweg lässt sich nun wie eine Parabel meines Lebensweges deuten. Es war eine schwierige Geburt … Am Anfang des Weges und in meiner Kindheit finde ich schwer zu meinem Tempo. Bis zur Mitte des Lebensweges begleiten mich, bei aller dazugewonnen positiven Erfahrung, Irrungen und Wirrungen, und ich gerate ab und zu aus dem Tritt. Aber etwa ab der Hälfte des Weges marschiere ich frohgemut dem Ziel entgegen. (S. 342)

In der konsequenten Beschäftigung mit sich selbst wird also der Pilgerweg hier zum Sinnbild für das eigene Leben. Und dieses hat sogar ein Ziel. Welches? Die Weltrettung, den Tod, einen Bestseller? Nein es ist: «heitere Gelassenheit», Entspannung, «Loslassen» (S. 343). Übersetzt mag das heißen: Sich weniger um Probleme kümmern und mehr genießen, was man hat und ist.

Heute versuchen die Pilgernden, wenn wir doch noch konkretere Motivationen finden wollen, Abstand zu gewinnen von der Geschwindigkeit der technologischen Entwicklung, und wollen damit quasi zurückkehren zu einer einfacheren Lebensform. David Le Breton beschreibt sie in seinem *Lob des Gehens* anschaulich in der folgenden Weise:

> Der Gehende ist heutzutage ein Pilger seiner persönlichen Spiritualität, seine Wanderung verhilft ihm zur Besinnung, Demut und Geduld, sie ist eine wandelnde Form des Gebets, das vorbehaltlos an den *genius loci*, an die Gewaltigkeit der Welt gerichtet ist. (S. 163)

Das ist nun sehr positiv ausgedrückt, und es bleibt zu hoffen, dass aus der persönlichen Spiritualität wirklich Demut und Geduld erwächst. Die modernen Formen des Pilgerns zeigen insgesamt einen starken Fokus auf das Ich. Das Ego steht im Zentrum und daraus erwächst die Gefahr, dass alles andere (die Umwelt, die Mitmenschen, die Politik) ausgeblendet wird. Diese neue Spiritualität ist also im Grunde materialistisch und auf die eigene Gegenwart beschränkt.

Eine solche zeitgemäße sinnliche Reise zu und um sich selbst wird etwa im Buch *Yoga* von Emanuel Carrère beschrieben. Dieser Autor macht kein Geheimnis daraus, dass er sich ausschließlich für sich selbst interessiert. Gleichzeitig mokiert er sich aber auch über andere Menschen, die noch egozentrischer sind als er. Etwa über die Deutschschweizer Besucher eines Ayurveda-Retreats in Sri Lanka, die sich zufälligerweise zur gleichen Zeit im selben Hotel aufhalten wie der Erzähler. Die Reisegruppe ist derart stark beschäftigt mit ihrem Selbstfindungsritual, dass sie sich nicht einmal dann davon ablenken lässt, als das Kind anderer Gäste desselben Hotels im Meer ertrinkt – sie sind auf ihre innere Reinigung fokussiert und merken nicht, dass um sie herum ein Ausnahmezustand herrscht, dass viele Menschen durch einen Tsunami ertrinken oder obdachlos geworden sind.

Wenn aus dem Wandern wirklich, wie Le Breton schreibt, Besinnung, Demut und Geduld erwachsen soll, so muss es eher das Gegenteil von Selbstzentriertheit bewirken: Eine verstärkte Wahrnehmung der Umgebung mit ihren Fragen und Problemen, die sich denjenigen, die zu Fuß unterwegs sind, besonders dringlich stellen. Um diese Fragen wird es im Folgenden gehen.

Wohin wandern?

Jörg Zink, ein bekannter Fernsehpfarrer, unternahm nach vielen Jahren Berufstätigkeit noch einige weite Reisen, unter anderem nach Israel, und lebte dann, nach der Pensionierung, fast 20 Jahre an der Küste von Aquitanien. Mit 85 kehrte er nach Deutschland zurück. Im hohen Alter von nun beinahe 90 Jahren verfasste er das Buch *Deine Wege werden kürzer – fürchte dich nicht!* Darin beschreibt er, wie der Radius seiner Wanderungen immer kleiner wird. Er bewegt sich zunächst noch in der näheren Umgebung, im Dorf und um das Haus herum, bis ihn seine Schritte, so stellt er sich vor, schliesslich nur noch in den eigenen Garten führen werden.

> Die Beine sind müde, das Herz müht sich um den rechten Lauf. Aber ich versuche weiter, einen Weg zu gehen, und erkläre meine kleinen Gänge im Garten zu Spaziergängen. Sie führen nicht mehr hinaus über seine sieben Ar, nur geringfügig größer als das Maß meines Hauses. Aber das ist nicht wichtig. (S. 65)

Obwohl die Distanz, die er zurücklegt, in der Realität immer kleiner wird, öffnet sich ihm doch der Blick in die Weite, während er auf der Bank vor seinem Haus, im Garten sitzt, nachdenkt oder in Büchern liest. Er reist nur noch kurze Strecken physisch, aber im Geist geht er bis weit über die Welt hinaus, ins Jenseits, ins Metaphysische, über das er zwischen den selbst gepflanzten Blumen und Sträuchern nachdenkt, deren Wachsen er über die Jahre beobachtet hat. So sind seine kurzen Wanderungen, die bald nur noch einzelne Schritte sein werden, doch gehaltvoll und erlebnisreich, und es kommt beim Lesen seiner Beschreibungen keine Langeweile auf (wenn man vielleicht auch die Gebete überblättern mag, sofern man dafür nicht empfänglich ist); man hat nicht den Eindruck, dass sein Leben mit dem hohen Alter eintöniger wird. Seine Wahrnehmung ist durch Erinnerungen und Texte anderer verdichtet. Seine kurzen Gänge im Garten sind, wie er schreibt, «ein Stück aus meiner kleiner werdenden Welt, in die die größere Welt sich ins Übersichtliche herein spiegelt» (S. 66). Die Fülle an Erlebnissen, die beim Wandern möglich sind, ist also vielleicht nicht unbedingt von einer aufregenden Routenplanung abhängig. Auch das innere Erleben trägt dazu bei. In diesem Kapitel werden verschiedene Texte präsentiert, in denen effektiv gewanderte Wege durch solche in Gedanken angereichert werden.

In die Provinz

Ein wenig erinnern Jörg Zinks Gedanken in seinem Garten an einen etwas versierteren Schriftsteller, der tief in der Provinz des schweizerischen Mittellands, in Niederbipp, das er in seinen Büchern «Amrein» nannte, einen «schnurgeraden Kanal» entlangging oder auch nur dem Bach im Park des Spitals folgte und sich dabei an seine verstorbenen Freunde und verreisten Bekannten erinnerte, an deren Familien, über Bilder, die er in einem Museum gesichtet hatte, nachdachte, von Birken über Mecklenburg-Vorpommern, die Insel Rügen, woher seine Mutter stammte, zum Krieg in Russland gelangte und damit den an sich wenig spektakulären Spaziergang wie nebenbei zu einem Stück eigenwilliger Weltliteratur verdichtete. In Gerhard Meiers Texten öffnen sich im scheinbar Banalen, Nebensächlichen ganze Welten. Und in den ständig wiederholten Themen und Beobachtungen, etwa des Kirschbaums, den sein Schwager oben zurechtstutzen will, oder des Festzelts auf der großen Matte des Eierhändlers, wird nicht nur die Wiederholung abgebildet, die sich in allen Kreisläufen der Natur zeigt. Es sind auch die sich wiederholenden, aber doch immer wieder anders sich zeigenden Beobachtungen eines Wanderers, der täglich denselben Spaziergang unternimmt – oder eben wie Meier fast sein ganzes Leben am selben Ort verbringt. Mit den Jahren wird das Erlebnis reichhaltiger, da sich überall Erinnerungen einflechten. An Erlebtes, Gelesenes, Gedachtes. Die Romane Gerhard Meiers variieren immer die gleichen Elemente und erzeugen damit einen Sog, der beim Lesen mit der Zeit zu einer Art Wiedersehensfreude, einem Wiedererkennen führt. Das ermöglicht es, die Freude nachzuempfinden, die wohl auch der Erzähler hatte, als er stets am gleichen Ort vorbeiging und dasselbe leicht verändert wahrnahm.

Sich an eine Reise nach Paris erinnernd, erzählt Meiers Alter Ego in der *Ballade vom Schneien* davon, wie er das Grab Marcel Prousts auf dem Friedhof Père Lachaise besuchte.

> Ich legte zwei meiner drei Rosen hin, zog die Mütze, stelle mich ans Fußende der Platte, gegenüber einem angeleuchteten Kastanienbaum, dachte an Prousts Tante Léonie, an deren Lindenblütentee und die Madeleine, und wie diese beiden zusammen (die Madeleine eingetaucht in den Lindenblütentee) in Proust die Erinnerungen ausgelöst hätten an die Zeiten von Combray, an die Zeitläufe des Lebens schlechthin, was dann den riesigen Roman *Auf der Suche nach der verlorenen Zeit* gezeitigt habe. (S. 47)

Das Phänomen der Epiphanie, der Offenbarung, wird bei Proust an der von Gerhard Meier erinnerten Stelle anhand einer Madeleine geschildert, die beim Erzähler Marcel im Buch *In Swanns Welt* eine ganze Kaskade von Gedanken und Erinnerungen auslöst. Proust jedoch wandert nicht, er liegt krank (oder kränkelnd) im Bett, als er mitten in Paris an seiner *Suche nach der verlorenen Zeit* schreibt. Er geht gleichsam nur noch in Gedanken spazieren, wie er das in seiner Kindheit tat – nach der Seite, an der die Guermantes wohnen, oder nach der Seite von Méséglise-la-Vineuse, am Wohnsitz Swanns vorbei:

> Denn es gab in der Umgebung von Combray zwei «Seiten» für Spaziergänge, die einander so entgegengesetzt waren, dass wir nicht einmal durch die gleiche Pforte aufbrachen, wenn wir nach der einen oder anderen Richtung gehen wollten: die Seite von Méséglise-la-Vineuse, die auch als Swanns Seite bezeichnet wurde, weil wir dort an dem Besitztum unseres Freundes vorbeikamen, und die Seite von Guermantes. (S. 179 f.)

Den Spaziergang in Richtung der Guermantes unternimmt die Familie Proust nur bei schönem Wetter. Bei schlechterem Wetter wählt man die andere Richtung. Über Swann und die Guermantes werden im Verlaufe der *Suche nach der verlorenen Zeit* viele hundert Seiten erzählt. Dieses umfangreiche literarische Unternehmen beginnt also mit zwei verschiedenen, kurzen, an sich unspektakulären Spaziergängen, zwei verschiedenen Wegen, die vor der Haustür des Elternhauses im Dorf Combray beginnen und aus denen eine große Wanderung durch mehrere Bände wird. Und es geschieht auf einem dieser Spaziergänge, dass Marcel, dem Erzähler, klar wird, es «sei eigentlich meine Pflicht, … zu versuchen, meinem Entzücken klaren Ausdruck zu geben» (S. 207). Er muss also Schriftsteller werden – worauf die *Suche nach der verlorenen Zeit* letztlich hinausläuft.

Für die Frage, wohin wir denn nun wandern sollen, lässt sich aus diesen drei (und anderen) literarischen Beispielen die Einsicht gewinnen, dass es eigentlich keine große Rolle spielt, wohin die Reise führt. Die Schönheit ist oft in einem Detail, der Reichtum im Innern, in der Erinnerung oder in den Gedanken, in Texten anderer, an die wir beim Wandern denken, über die wir vielleicht nachdenken oder von denen wir spazierend tagträumen. Sehenswürdigkeiten lenken hiervon eher ab. In der Nähe einer Autobahnbrücke befindet sich vielleicht ein kleiner Weiher, auf dem Seerosen blühen. Obwohl man das Geräusch der vorbeirasenden Autos und Lastwagen hört, ist die Stimmung vielleicht gerade im Kontrast zur Hässlichkeit und dem Lärm der Zivilisation idyllisch, und es werden einem die Schönheit der Natur und ihre Fragilität zugleich bewusst. Im verwilderten Waldstück im Mittelland nahe Niederbipp, wohin ich auf der Suche nach Meiers Wohnhaus mit einer Schmalspurbahn fahre, mischt sich der süßliche Geruch einer Schokoladenfabrik mit dem der Büsche und Blumen, bis, je nach Richtung, in die man sich wendet, der eine oder der andere sich durchsetzt. Es ist, als würde die Natur danebenstehen, unbeeindruckt, älter, und mit großer Wahrscheinlichkeit auch diese Fabrik überdauern. Ein Naturerlebnis findet sich vielleicht gerade in diesem Widerspruch, an diesen noch intakten oder wieder intakt gemachten Orten neben oder inmitten der Zivilisation.

Zu Fuß gehen – oder auch: auf die langsame Art reisen – lässt sich gut im Alltag umsetzen: Zur Zahnärztin am anderen Ende der Stadt sind es vielleicht 8 km. Das ist in einem halben Tag zu schaffen. Zum Geburtstagsfest eines Freundes lässt sich ebenfalls wandern (insbesondere auch gut gekleidet wie Tomas Espedal). Und die Weihnachtsfeier bei den Schwiegereltern in der Vorortsgemeinde könnte als Anlass für eine längere Winterwanderung dienen, während der die verschiedenen Verkehrsringe überquert werden und die Grenzen zwischen Vorgärten und Landwirtschaft sich langsam vermischen. Aus Parks werden Wälder. Aus Kanälen Bäche.

Auf alten Wegen

«Das ist ein sehr schönes Buch», sagte die junge Verkäuferin, «gerade schreibt er an einem neuen Werk. Über Flüsse. Er sieht die Flüsse als Lebewesen!» Ich nickte und wartete, bis sie fertig war. Sie erwähnte noch die Kinderbücher, die auch ganz ansprechend gemacht seien. Und natürlich das neue Buch über den Untergrund. Dann antwortete ich: «Ja, ich denke auch, dass es mir gefallen wird. Ich habe bereits das über die Wildnis gelesen.» In *Alte Wege* beschreibt Robert Macfarlane, ein offenbar auch bei Buchhändlerinnen beliebter Autor des Genres «Nature Writing», wie er an verschiedensten Orten in Europa und sogar in Palästina den Spuren alter Pfade folgt. Dabei macht er sich beim Gehen Gedanken über die Landschaft, über Dichterinnen, Geschichte und Politik. Nicht nur an Land, auch im Wasser spürt er alte Wege auf und einmal gar dazwischen, als er auf dem sogenannten Broomsway wandert, einem Fußpfad vor der britischen Küste in Essex, der je nach Stand der Gezeiten unter Wasser verborgen liegt oder gerade noch begehbar ist. Das Wandern auf dieser Route ist entsprechend gefährlich; es gilt, die Zeit und das Wetter genau zu beachten, sonst wird man weggeschwemmt oder droht zu versinken. Macfarlane stellt fest, dass diese Art von Wegen paradox ist:

> Sie unterliegen dem Wegerecht und sind daher auf Landkarten und im Gesetz verzeichnet, zugleich aber löschen die Gezeiten zweimal am Tag jede Spur von ihnen aus. Wie nennt man einen Pfad, der kein Pfad

ist? Ein Rätsel? Eine Sammlung geographischer Koordinaten? Eine Todesfalle? (S. 57)

Ein Pfad sollte beständig sein, sicher und sichtbar – zumindest als Spur. Im Fall des Broomsway ist die Spur nur auf einer Karte und im Gesetz verzeichnet. Es braucht Hintergrundwissen, um diesen Pfad zu finden und sicher begehen zu können.

Von anderen alten Wegen, die Macfarlane beschreibt, sind auch nach vielen Jahren der Verwitterung in der Landschaft deutlich sichtbare Spuren übriggeblieben. Sie finden sich etwa als geschriebene Zeichen auf einem Felsen, als von Menschen errichtete Steinhaufen an der Küste, als antike Wagenspuren, die sich nur aus der Luft zeigen, auf einem Feld. Diese Spuren zeugen von Tausenden Jahren vorbeiwandernder Menschen, von Ereignissen und Unwettern, die diese Pfade vielleicht bedeckten, verwischten und verschoben. Es gilt also genau hinzuschauen mit dem Wissen um die Veränderungen im Laufe der Zeit. Es gilt, die Spuren zu deuten, dann können wir alte Wege wieder gehen.

Hinterlassenschaften anderer bestimmten die Routen der ersten Wanderungen. Wie im Kapitel «Was bisher geschah» beschrieben, folgten die ersten Menschen wahrscheinlich den Fährten der Wildtiere in die Steppe und damit hinaus in die Welt. Dabei handelte es sich zum Beispiel um Fußabdrücke, um Kot, Essensreste. Die Menschen lernten diese Spuren mit der Zeit zu deuten.

Wege werden gerne als Bilder, als Metaphern benutzt, vielleicht deshalb, weil sie in unserer Geschichte eine so große Rolle spielen und uns entsprechend wichtig sind. Der Lebensweg, der Leidensweg, der Bildungsgang oder der Lauf der Geschäfte – symbolische Wege durchziehen alle Lebensabschnitte. Das menschliche Leben wird insgesamt als Wanderung, als zurückgelegter Weg gedacht. Das Bild gibt darüber Aufschluss, wie wir uns das damit Illustrierte vorstellen: als etwas, was in einer bestimmten Dauer zurückgelegt wird, was Kraft und Ausdauer erfordert, einen Anfang und ein Ende hat, einer Richtung folgt und auch Hindernisse überwindet, um das Ziel zu erreichen; Umwege sollten vermieden werden. Um den Weg aber zu finden, braucht es Spuren.

Der aus Litauen stammende französische Philosoph Emmanuel Lévinas charakterisiert in seinem Werk *Die Spur des Anderen* Spuren als etwas, «was eigentlich niemals da war, ... was immer vergangen ist» (S. 230). Die Spur entsteht erst, nachdem jemand anderes dort gewesen ist; er oder sie ist aber dann, wenn man ihre Spur entdeckt und ihr folgt, immer schon weg. Wenn wir der Spur folgen, können wir uns den anderen nähern, wir werden Teil der Vergangenheit des, der anderen oder vieler anderer, die diesen Weg vorher gegangen sind:

> Die Spur als Spur führt nicht nur zur Vergangenheit, sondern ist das *Übergehen* selbst zu einer Vergangenheit, die entfernter ist als alle Vergangenheit und als alle Zukunft, welche noch zu meiner Zeit gehören, zur

> Vergangenheit des Anderen, in der sich die Ewigkeit abzeichnet – absolute Vergangenheit, die alle Zeiten eint. (S. 234)

Lévinas geht es in seinen Überlegungen um eine Ethik des Zusammenlebens, die er, traumatisiert durch die Verbrechen des Zweiten Weltkriegs, in einer Art Extremhumanismus und als Gegenpol zu den erlebten Schrecken entwickelt. Der Weg, der in seiner Philosophie metaphorisch zurückgelegt werden muss, ist derjenige zwischen zwei Menschen, zwischen dem Ich und dem oder der anderen. Eine Möglichkeit, uns einander anzunähern, besteht darin, den Spuren zu folgen und die Vergangenheit der anderen dadurch zu unserer eigenen zu machen.

Der Reisereporter Ryszard Kapuściński fasst in seinem Buch *Der Andere* verständlich zusammen, was Lévinas mit seinem oben zitierten Werk vorhat:

> Lévinas ist ständig auf der Suche nach einem Weg zum Anderen, er will uns aus den Fesseln des Egoismus, der Gleichgültigkeit befreien, uns vor der Versuchung der Isolierung, des sich Abschottens, des sich Abschließens warnen. Er zeigt uns eine neue Dimension des Ich – dass dieses nämlich nicht nur das einsame Individuum ist, sondern dass auch der Andere einen Bestandteil dieses Ichs darstellt, wodurch eine neue Form der Person, des Seins entsteht. (S. 35)

Das Wandern, das einer Spur, einem alten Weg folgt, wird vor dem Hintergrund dieser Überlegungen immer auch zu einer Bewegung auf einen anderen zu oder mit einem oder einer abwesenden anderen als Begleitung. Indem wir ihrer Spur folgen, machen wir ihre bzw. seine Vergangenheit zu unserer Gegenwart. Wir nehmen den oder die anderen, die dort vorher entlanggewandert sind, also quasi in uns auf. Indem wir Spuren folgen, nehmen wir an vergangenen Leben und Schicksalen Teil. Das weitet das Bewusstsein und lässt uns als Menschen reifen – während wir weitergehen.

Die meisten Spuren stammen von anderen. Wir können aber auch unseren eigenen Spuren folgen; das bedeutet jedoch, dass wir im Kreis gehen, uns wiederholen. Sigmund Freud hat solche Spuren im Unbewussten des Menschen verortet; er nennt sie Erinnerungsspuren. Unsere Erfahrungen, so Freud in seinem Aufsatz *Jenseits des Lustprinzips*, hinterlassen Spuren im Gedächtnis. Diese prägen sodann unser Leben, da sie uns zwingen, ihnen zu folgen. Wir reagieren in ähnlichen Situationen immer gleich. Die Spur, nach der wir handeln, wird mit der ständigen Wiederholung deutlicher. Sie kann dann einen Zwang ausüben; es wird schwierig, aus ihr auszubrechen. Dieser Zwang heißt Wiederholungszwang und besteht ebendarin, dass stets derselben Spur gefolgt werden muss. Der Weg, der hier zurückgelegt wird, ist auch unser Lebensweg. Er führt unabänderlich in den Tod. Um vorher noch die Chance zu haben, seinen eigenen Weg gehen zu können, gilt es, aus dieser Art von Spuren, derjenigen der eigenen (negativen) Erfahrungen, auszubrechen und sich einen eigenen Weg zu bahnen. Diese Bahnung ist nur möglich, wenn wir es schaffen, gegen Widerstände anzukämpfen. Für den in sich selbst eingeschlossenen Menschen gibt es wenig Hoffnung. Er ist in seinen eigenen Gedanken gefangen und kommt nicht voran. Eine Möglichkeit, um auszubrechen, ist es jedoch vielleicht, einer neuen Spur zu folgen – der Spur eines oder einer anderen.

Eine Spur verweist immer auf drei Zeiten: Vergangenheit, Gegenwart und Zukunft. Jemand oder mehrere sind ihr gefolgt, die Spur ist jetzt sichtbar und führt dorthin, wo wir uns dereinst vielleicht befinden werden oder wo wir hinwollen. Alte Wege hatten einst vielleicht eine bestimmte Funktion. Sie waren zum Beispiel Handelswege. Der weiter oben erwähnte Walserweg war eine Auswanderungsroute; Pioniere gingen voran, siedelten eine Weile, wanderten weiter. Unterdessen folgten weitere Auswanderer und nutzten die verlassenen Zwischenstationen. Weitere werden nachkommen. Passwege dienten der Alpenüberquerung, die Spuren markierten die Route mit der geringsten Steigung, der geringsten zu überwindenden Höhe.

Oft überlagern sich auch mehrere Spuren. Wanderwege in den Bergen wurden für die Mikromigration genutzt, für den Aufzug auf die Alp; Römerstraßen wurden von Truppen begangen und entsprechen heute vielerorts den Bahntrassen (*Geschichte der Landschaft, S. 316*) und die Pilgerwege führten zu einem Heiligtum und sind heute zu Autostraßen ausgebaut – entsprechend führt der Camino del Norte, wie ihn der französische Arzt und Schriftsteller Jean-Christophe Ruflin in seinem Buch *Pil-*

gern für Skeptiker beschreibt, oft modernen Verkehrswegen entlang. Die neue Spur hat hier die alte überlagert:

> Wenn man den Landstraßen folgt, hat man das Gefühl, dass der Jakobsweg hier von seinem historischen Verlauf abweicht. In Wahrheit ist es umgekehrt, was der Reiseführer auch immer wieder unterstreicht: Der kantabrische Jakobsweg folge ganz genau der Route der mittelalterlichen Pilger. Das Problem ist nur, dass diese Route heute von Fernstraßen überzogen ist. Der Weg, den wir einschlagen, ist authentisch, aber zugleich ist er unkenntlich geworden. (S. 102)

Weiter gibt es Wege, die eine Grenze entlangführen. Im sogenannten Ortsumgang (in Deutschland «Grenzgang») werden die Gemeindegrenzen abgeschritten – zu Fuß. Stephan Thome benennt einen Roman danach, *Grenzgang*, in dem es um die Grenzen der Wohngemeinde, aber auch um die persönlichen Grenzüberschreitungen geht. Andreas Maier arbeitet gar an einem riesigen Romanzyklus mit diesem Thema. Darin schreitet er metaphorisch die Grenzen seines eigenen Lebens ab. Vom *Zimmer* zum *Haus*, zur *Straße*, zum *Ort*, zum *Kreis*, der *Universität*, der *Familie* und der *Städte*. (Kursiv sind die Titel der bislang erschienenen Bücher; geplant sind nach seiner Aussage insgesamt 11 Bände). Maier unternimmt darin eine metaphorische Wanderung auf den Spuren seiner Familie und in einem weiteren Sinn auch seiner Zeitgenossinnen und Zeitgenossen. Indem er dabei den Spuren der anderen folgt, gelingt es ihm, aus seinem Zimmer, aus seinem Haus, aus seinem Ort, dem Kreis, der Universität und der Familie auszubrechen. Auch die Grenzen der Städte, die er bereist hat, überschreitet er und lässt sie hinter sich.

Andere Reiserouten führten beispielsweise den Wasserwegen entlang, die oft gleichzeitig auch als Grenzen zwischen zwei Ländern dienten. Etwa die Reise von Patrick Leigh Fermore. In zwei umfangreichen Bänden (*Die Zeit der Gaben* und *Zwischen Wäldern und Wasser*) schildert er – Jahre nachdem er sie unternommen hat – eine Wanderung von Hoek van Holland nach Konstantinopel. Zuerst folgt er dem Rhein nach Süden, dann der Donau nach Osten. Die Reise fand in den 30er-Jahren des 20. Jahrhunderts statt, kurz bevor der Zweite Weltkrieg ausbrach. Fermore beschreibt nicht nur die Landschaft und die Leute, die er trifft, er zeichnet auch ein politisches Stimmungsbild. Er ist also nicht auf sich konzentriert, sondern auf die gesellschaftlichen Veränderungen, die in den Weltkrieg münden werden. Das Nachdenken und Wahrnehmen während dieser langen Reise ermöglichte es ihm vielleicht dann auch, später selbst politisch aktiv zu werden, als er in Kreta den Widerstand gegen die Besatzung durch die Nazis organisierte. In seinem posthum erschienenen Bericht *Die Entführung des Generals* schildert er zudem, wie er gemeinsam mit anderen Aktivisten den deutschen Befehlshaber auf Kreta kidnappte. Diese Aktion war unter anderem deshalb möglich, weil er als eifriger Fußgänger und Reisender jeden Winkel, jeden Hühnerstall auf Kreta kannte – und auch die Bewohnerinnen und Bewohner. Er konnte den General überlisten, der diese alten Wege nicht kannte.

In der Imagination/virtuell

In vielen Fällen ist es heute gar nicht mehr notwendig, zu verreisen. Mit Virtual Reality lassen sich nicht nur berühmte Sehenswürdigkeiten wie die sixtinische Kapelle oder das Schloss Versailles von zuhause aus digital erkunden; auch schwer zugängliche Orte wie Pripjat (bei Chernobyl), der Mount Everest oder Nordkorea können mit der entsprechenden technischen Ausrüstung erwandert werden. Das virtuelle Erlebnis ist dabei in den meisten Fällen sogar besser als die reale Reise, da man näher (oder überhaupt) herankommt, nicht friert oder verstrahlt wird und nicht von anderen Touristinnen oder Touristen gestört wird. Was indes im Gegensatz zu den erwähnten Reiseberichten und Reportagen fehlt, ist eine Erzählerin oder ein Erzähler und damit ein Text, der für dieses Buch verwertbar wäre. Mit dem Aufkommen digitaler Plattformen wie Youtube entwickelte sich aber eine neue Art von Berufswanderern: Menschen, die sich selbst auf ihren Reisen filmen und ihre Erlebnisse und Einsichten im Internet veröffentlichen. Durch Werbung oder Spendenaufrufe verdienen sie Geld, das je nach Reichweite genügt, um die Reisen zu finanzieren. Einige betreiben dieses Reisen sehr professionell, andere waren Pioniere und sind bereits tot oder veröffentlichen nur ab und zu oder nicht mehr. Im Internet sind sie jedoch alle leicht zu finden, sodass ich hier auf Links und Quellenangaben verzichte. Diese Wandernden zeigen alternative Möglichkeiten zu reisen auf und können uns zumindest eine Idee für Reiseformen jenseits vorgegebener Gefäße geben, auch wenn wir diese selbst nicht genau so umsetzen können. Alle vorgestellten Beispiele gehen auf ihre Art einen eigenen Weg, tummeln sich in der Provinz und folgen alten Wegen. Sie setzen also das um, was ich in den vorausgegangenen Kapiteln mit Beispielen aus der Gegenwartsliteratur als eine zeitgemäße Form des Reisens skizziert habe. Die große Popularität dieser Youtuber und Youtuberinnen lässt sich vielleicht auch damit erklären, dass ihre individuellen Arten zu reisen sich dem annähern, was wir mit dem Reisen und Wandern eigentlich suchen.

Stobe the Hobo

Ein Pionier der Youtube-Reisereportage war James William Stobie, der sich selbst «Stobe the Hobo» nannte. Als Hobos wurden in den USA arme Wanderarbeiter bezeichnet, die auf der Suche nach Gelegenheitsjobs in den Staaten umherreisten. Das taten sie bevorzugt, indem sie ohne Ticket illegal auf Güterzügen mitfuhren. Stobe nahm diese Tradition auf, folgte also gewissermaßen den Spuren der Hobos aus den 30er-Jahren (als es aufgrund der Wirtschaftskrise besonders viele davon gab) und filmte sich dabei. Er war Jahrgang 1984, die Videos entstanden zwischen 2012 und seinem frühen Tod 2017. Meist wartete er in der Dunkelheit, im Schutze der Böschung in der Nähe eines Güterbahnhofs, bis ein Zug bereitstand. Kurz vor dessen Abfahrt oder wenn er bereits zu rollen begonnen hatte, schlich Stobe sich auf die Plattform zwischen zwei Wagen und reiste als blinder Passagier quer durch die USA und durch Kanada. Er fiel dabei auf durch ein profundes Wissen über das nordamerikanische Eisenbahnnetz, das er in journalistischer Manier vortrug, durch seinen ständigen exzessiven Bierkonsum und durch Fluchreden, in denen er sich über alles Mögliche – insbesondere aber über die Zuglinien, die er für seinen illegalen Reisen nutzte – beschwerte. Manchmal wanderte er frühmorgens – «in the darkest hours of the night», wie er sagte – durch die ausgestorbene Provinz. Die Trostlosigkeit einer postindustriellen Kleinstadt wurde sichtbar; geschlossene Bars, verlassene Läden, riesige leere Parkplätze. Im November 2017 starb Stobe auf einer seiner Reisen – er wurde von einem Zug überfahren, als er zu Fuß über eine Eisenbahnbrücke ging. Seine Videos erfreuen sich im Internet weiterhin großer Beliebtheit.

Shiey

«Shiey», wohl von «shy» abgeleitet, nennt sich ein vermutlich aus Vilnius stammender jüngerer Mann, der einen Youtube-Kanal unter dem Titel «Illegal Freedom» betreibt. In den Videos ist meist er selbst zu sehen, wie er, maskiert, schon bevor dies aufgrund der Pandemie vorgeschrieben war, und ganz in Schwarz gekleidet, Gebäude und Orte erkundigt, die der Öffentlichkeit nicht zugänglich sind. Er klettert auf Kamine, geht über Dächer, dringt in Fabrikgelände, verlassene Häuser, Bunker und Schächte ein. Dabei fällt auf, dass er sehr gut klettern und balancieren kann. Oft übernachtet er in seiner Hängematte auf dem Dach einer verlassenen Fabrik oder auf der Terrasse eines zerfallenen Hauses. Oder in einem Waldstück neben einer Ortschaft. Er ist nur ungenügend ausgerüstet, sodass er in der Nacht friert. In einer Episode schafft er es, von Holland bis in die Schweiz in Güterwagons zu reisen, ohne entdeckt zu werden. Er campiert an einem abgelegenen Ort am Thunersee und erklettert einen riesigen Sendemasten. Interessant ist seine Art zu reisen, da sie sich meist völlig außerhalb der dafür vorgesehenen Routen abspielt. Er befindet sich außerhalb der Gesellschaft, da viele seiner Unternehmungen illegal und gefährlich sind.

Vagrant Holiday

Der Ersteller einer Videoserie, die unter dem Titel «Vagrant Holiday» auf Youtube und an anderen Orten im Internet zu finden ist, reist etwas weiter als Shiey, der sich vor allem auf Ost- und Mitteleuropa konzentriert. Auch hier handelt es sich um einen jüngeren Mann, wahrscheinlich aus Nordamerika (Seattle). Seine Spezialität ist es, mit wenig Gepäck und minimalem finanziellem Aufwand in Europa, Asien und Mittelamerika herumzureisen. Dabei filmt er seine Erlebnisse aus der für diese Art Videos üblichen Ego-Shooter-Perspektive und kommentiert aus dem Off. Wenn er an einem Ort ankommt, versteckt er als Erstes sein Gepäck («stash my stuff»), beispielsweise in einer Hecke, und tarnt es mit Laub. Dann lungert er herum, besucht Spielsalons oder wandert durch die Stadt, um die Nacht im Schlafsack in gefährlich scheinenden Parks oder auf verlassenen Privatgrundstücken zu verbringen. Manchmal schleicht er sich auch in Hotels, entwendet Laken und baut sich unter einer Treppe oder in einer Abstellkammer ein Bett. Er ist zynisch und paranoid und versucht, wann immer möglich, anderen Menschen aus dem Weg zu gehen. Besonders eindrücklich ist die Reise zur «Pädophileninsel», als er nachts mit dem Kanu zu einer Gefängnisinsel rudert, dort durch das Dickicht schleicht und verlassene Gebäude erkundet. Dabei findet er unter anderem ein Drogenlabor und muss vor Fahrzeugen mit Suchscheinwerfern ins Dickicht fliehen. Auch er versucht sich in einer Episode im Train Surfing, wird dabei allerdings erwischt und mit einer Geldstrafe belegt, da er sich nicht besonders klug anstellt. Ein weiteres Video zeigt ihn inmitten einer eskalierenden Demonstration – den Ausschreitungen nach Black-Lifes-Matter-Kundgebungen, als eine wütende Menge Geschäfte plündert. Er nennt es «Riot Holiday», läuft neben der Menge mit, die Scheiben von Schaufenstern einschlägt und sich mit der Polizei prügelt und kommentiert sarkastisch. Diese Videoserie gibt Aufschluss darüber, wie man, wenn man furcht- und anspruchslos genug ist, mit sehr wenig Geld reisen kann.

Bald and Bankrupt

Benjamin Rich, geboren 1974 in Brighton, ist ein Brite, der privat Konkurs ging und sich 2018 entschloss, mit seinem letzten Geld, angeblich 1500 Pfund, nach Indien zu fliegen. Dort kaufte er sich eine Kamera und begann, sich beim Herumreisen zu filmen und die Filme unter der selbstironischen Bezeichnung «bald and bankrupt» auf Youtube zu laden. Aufgrund eines früheren längeren Aufenthalts spricht er sehr gut Hindi, was es ihm ermöglicht, mit den Menschen, die er antrifft, zu kommunizieren. Er hat außergewöhnlich gute Fähigkeiten im Umgang mit Menschen und schafft es dank seinem starken Selbstbewusstsein, mit beinahe allen ins Gespräch zu kommen. Dieser Aspekt fasziniert vor allem an seinen Reiseberichten, da sie etwas zeigen, was wir uns wohl auch vorstellen oder wünschen: ins Gespräch zu kommen mit Unbekannten. «Bald» erfährt vieles in Gesprächen und wird oft auch zu Einheimischen nach Hause eingeladen. Da er mit Vorliebe in abgelegene und teilweise auch gefährliche, weil politisch instabile Gegenden reist, ergeben sich dadurch seltene Einblicke in Milieus und Regionen, die wohl den wenigsten bekannt sind. Ferner hat er ein großes Interesse an sowjetischer Geschichte und folgt in abgelegene Regionen des ehemaligen Großreiches dessen Spuren in der Architektur und in der Gesellschaft. Er spricht außerdem sehr gut Russisch, was es ihm auch hier ermöglicht, mit den Menschen in Kontakt zu kommen. Zudem liefert er in seinen Videos viel geschichtliches Hintergrundwissen, besucht Gedenkstätte und Museen. Er ermöglicht den Zuschauerinnen und Zuschauern also eine Art passiven Bildungsurlaub oder eine unterhaltsame Geschichtslektion aus der Ego-Shooter-Perspektive. Seine Videos sind außerordentlich erfolgreich, sie erreichen jeweils mehrere Millionen Views. Den russischen Behörden scheinen seine Aktionen allerdings nicht zu gefallen – er wurde mehrmals verhaftet und unterdessen aus Russland verbannt und mit einer Einreisesperre versehen.

Itchy Boots

Noraly Schoenmaker aus Holland, geboren 1987, kündigte 2018 ihre Stelle und ist seitdem mehr oder weniger ständig auf Reisen. Seit mehr als drei Jahren ist sie allein mit dem Motorrad unterwegs und filmt sich dabei. Die Videos publiziert sie unter dem Label «Itchy Boots». Sie ist ausgebildete Geologin und flicht in ihre Reiseberichte entsprechende Fakten aus ihrem Fachgebiet ein. Sie besucht Vulkane und andere Naturphänomene. Mit ihrer Erscheinung als junge Frau, die allein mit dem Motorrad um die Welt fährt, erzeugt sie einige Aufmerksamkeit. Die Reiserouten wählt sie oft abseits der großen Straßen, fährt über Feldwege und Schotterpisten, überquert dabei Flüsse und Hängebrücken. Als Zuschauerinnen und Zuschauer fahren wir sozusagen mit, denn auch ihre Reisen werden aus der Ego-Shooter-Perspektive, die hier eher eine Bike-Game-Perspektive ist, übertragen. Ein Ende ihrer Reise ist nicht absehbar, sie sendet regelmäßig drei Episoden pro Woche.

Was mitnehmen?

Wer wandert, kann nur mitnehmen, was sich aus eigener Kraft tragen oder transportieren lässt. Überflüssiges macht die Reise beschwerlicher. Wie steht es mit der Begleitung und ist vielleicht auch eine Karte nützlich?

Karte

Um seinen Weg zu finden, ist eine Karte unerlässlich. Vorausgesetzt natürlich, man kennt das Ziel. Was aber ist der richtige Massstab für eine Karte, wann ist sie genau genug? Darüber wurde viel geschrieben. Einer der wichtigsten Forscher auf diesem Gebiet war wahrscheinlich der polnische Ingenieur Alfred Korzybski. Nach reiflichem Nachdenken über das Wesen der Sprache gelangte er zur grundlegenden Feststellung: «Die Landkarte ist nicht die Landschaft», womit er sicher Recht hatte. Der Satz ist nicht so banal, wie er klingt, und er geht auch noch weiter, wird konkreter: «aber wenn die Landkarte der Struktur der Landschaft ähnlich ist, ist sie brauchbar.» Die Karte bildet die Realität ab oder nach, ist aber nicht mit ihr identisch. Sie ist ihr bloß strukturell ähnlich. So verhält es sich auch mit der Sprache, über die Korzybski mit der Kartenmetaphorik eigentlich berichtet: Sie bildet das, was sie bezeichnet, nur nach oder ab, bleibt aber Abstraktion – wie eben auch die Landkarte im Vergleich mit der Landschaft. Um «brauchbar» zu sein, reicht es jedoch, wenn sie bloß ungefähr dem entspricht, was sie bezeichnen will. Für die Verständigung wie für die Orientierung ist Exaktheit nicht notwendig.

Die Gedanken Korzybskis waren es wohl, die den berühmten Semiotiker und Romanautor Umberto Eco dazu brachten, eine Satire über *Eine Karte des Landes im Verhältnis 1:1* zu schreiben. Damit die Karte der Landschaft entspräche, dachte Eco Korzybskis Idee weiter (und nahm damit auch Bezug auf frühere Auseinandersetzungen mit diesem Thema von Lewis Caroll und Jorge Luis Borges), müsste sie genau gleich groß wie diese sein und gleichsam über die Landschaft gelegt werden. Dann wäre sie allerdings mit der Landschaft identisch und sinnlos, unter anderem deshalb, weil man dann keine Position mehr einnehmen könnte, in der es einem möglich ist, die Karte zu lesen. Zudem müsste dann auch die Karte selbst in der Karte eingezeichnet sein, was unmöglich wäre, weil die Karte ja direkt auf dem Gelände liegt.

Daraus lässt sich folgern, dass eine gewisse Abstraktion bei einer Karte notwendig ist, sonst ist sie unbrauchbar. Mit zunehmender Genauigkeit verliert die Karte ihren Wert, da sie mehr und mehr mit der Landschaft identisch wird. Wenn die Karte zu konkret wird, büsst sie an Brauchbarkeit ein. Wenn sie allerdings zu abstrakt ist, lässt sie sich nicht mehr lesen. Der Berner Schriftsteller und Verleger dieser wunderbaren Edition Hartmut Abendschein hat in seinem Werk *Asemic Walks* die Abstraktion der Karte auf ein Maximum getrieben und somit den gegenteiligen Fall von Umberto Eco bearbeitet. Auf durchscheinendem Spezialpapier werden Reiserouten mit von ihrer Referenz befreiten Kartensymbolen abgebildet. Diese lassen sich über einen beliebigen Stadtplan oder über eine Landschaft legen, womit mögliche Wanderrouten entstehen. Die abstrakte Karte wird damit zu einem freistehenden Signifikanten, zu einer Bezeichnung ohne Inhalt, die sich dadurch beliebig auf alle Inhalte anwenden lässt. Zugleich verweist sie auf das Wesen der Karte oder der Route, stellt sozusagen deren reinste Form als Typus dar. Mit dem Gebiet verbindet sie nichts, außer eine Strukturähnlichkeit. Die gleiche Art Abstraktion findet auf die Sprache bezogen in dadaistischen Gedichten statt. Die dort verwendeten Wörter haben keine eigentliche Bedeutung. Das abstrakte oder dadaistische Gedicht verweist damit auf die reine (oder sinnbefreite) Form des Gedichts, auf dessen Struktur, z. B. das Metrum oder die Zeilenwechsel.

In seinem Roman *Karte und Gebiet* macht sich Michel Houellebecq ein Spiel aus diesem Problem. Eine der Hauptfiguren des Romans ist der Künstler Jed Martin. Am Anfang seiner Karriere, die im Laufe des Romans steil ansteigen wird, beschäftigt er sich damit, Fotografien von Straßenkarten der Firma Michelin anzufertigen und diese Satellitenfotos (aus «Google Earth») der entsprechenden Landschaft gegenüberzustellen. Er stellt also das Konkrete dem Abstrakten gegenüber. Oder die Landschaft ihrer Darstellung. Dabei wird in Martins erster Ausstellung das Motto deutlich, das vielleicht hinter der gesamten Konzeption von Houellebecqs Roman steht:

> Der Kontrast war frappierend: Während auf dem Satellitenfoto nur eine Suppe aus mit verschwommenen bläulichen Flecken übersäten, mehr oder weniger einheitlichen Grüntönen zu erkennen war, zeigte die Karte ein faszinierendes Netz von Landstraßen, landschaftlich schönen Strecken, Aussichtspunkten, Wäldern, Seen und Pässen. Über den beiden Fotos stand in schwarzen Lettern der Titel der Ausstellung: «DIE KARTE IST INTERESSANTER ALS DAS GEBIET.» (S. 78)

Die Darstellung ist also interessanter als das Dargestellte. Die Abstraktion fesselnder als das Exakte. Das Bild spannender als der Gegenstand. Dasselbe gilt oder soll wohl gelten für die Figuren in Houellebecqs Roman, in dem auch Houellebecq selbst vorkommt (und ermordet wird): Die Darstellung ist interessanter als die Realität. Aber gilt es auch für die Sprache und für die Landschaft, auf denen beiden diese Feststellung ja basiert? Dann wäre die Formulierung interessanter als das Thema oder der Gegenstand, über den gesprochen wird. Für einen Schriftsteller oder eine Schriftstellerin ist das eine naheliegende Einsicht, Form stünde über dem Inhalt (an Houellebecqs Texten wurde allerdings oft kritisiert, dass sie gerade in der sprachlichen Gestaltung Defizite haben und eher Kurzprotokollen von Beamten als schöner Literatur entsprechen). Für die Landschaft wiederum hieße das, dass ihre Darstellung, ihre Beschreibung interessanter ist als sie selbst. Und für das Wandern würde das bedeuten, dass es interessanter ist, Berichte über das Wandern zu lesen oder dabei zuzuschauen, wie sich andere beim Wandern filmen, als selbst zu wandern. Und das wäre sicher im Sinne des vorliegenden Textes. Es würde auch die Wichtigkeit von Fotos auf Reisen erklären, denn diese sind oft spannender als das Fotografierte. In vielen Fällen findet die eigentliche Reise im Nachhinein, auf den Fotos statt. Und sie sind tatsächlich – insbesondere in den sogenannten sozialen Medien – dank verschiedener Filter und Tricks, oft interessanter als die Realität. Sie stellen eine Abstraktion dar und zeigen nur die besten Momente.

«Die am meisten verbreitete Karte Englands ist die Straßenkarte (road atlas)», schreibt Robert Macfarlane in seinem Buch *The Wild Places* (auf Deutsch: *Karte der Wildnis*). «Auf einer solchen Karte scheint es, dass die Landschaft so dicht mit Straßen überzogen ist, dass Asphalt und Petrol ihre primären Elemente sind» (S. 10). Weil die Karte unsere Wahrnehmung prägt, will Macfarlane eine neue Karte erstellen, die titelgebende Karte der Wildnis. Er will darin die Elemente wieder einzeichnen, die auf der Straßenkarte weggelassen werden, weil sie dort nicht relevant sind: Höhlen, Wälder, Moore, Flussbette und so weiter. Er will also nur auf der Ebene der Repräsentation aktiv werden, denn dort werden, wie er schreibt «unsere Vorurteile geprägt». Wenn die wilden Orte in der Karte nicht eingezeichnet sind, existieren sie auch nicht. Um sie zu bewahren, müssen sie aufgezeichnet und beschrieben werden. Allein ihre Existenz in der Realität reicht dazu nicht aus.

Diese Abstraktion, aus der die Karte im Gegensatz zur Landschaft besteht, gilt auch für die Fotografie, für Beschreibungen wie sie Macfarlane leistet oder für Reiseführer, gar für die Sprache selbst. Ihnen allen liegt eine Verkürzung, Verallgemeinerung, Verzerrung oder ein Fokus auf eine bestimmte Perspektive zu Grunde. Sie können das Erlebnis einer Wanderung also nur bedingt – Korzybski hätte gesagt: strukturähnlich – wiedergeben. Und diese Wiedergabe ist unter Umständen tatsächlich interessanter als der Gegenstand selbst. Sie muss auch nicht genau, 1:1, sein, sondern es reicht, wenn sie strukturähnlich ist. Für die Frage, wie wir vom Wandern erzählen sollen, ist diese Erkenntnis von Nutzen. Und sie gilt natürlich auch für den vorliegenden Text. Auch diesem liegt eine Auswahl zugrunde. Mit anderen Quellen und anders zusammengestellt, würden sich vielleicht auch ganz andere Folgerungen ergeben. Wenn hier beispielsweise Bücher wie *Auf Reisen* von Matthias Zschokke ausgewertet würden, der vor allem in guten Restaurants isst und sich in edlen Hotels beherbergen lässt, würden sich andere Ideen zum Reisen ergeben.

Wenn aber die Karte wichtiger ist als das Gebiet, worum dreht sich dann die Wanderung? Um die Karte, um den abstrakten Plan? Geht es darum, die vorgenommene Route abzuschreiten? Oder geht es darum, die Landschaft mit der Karte zu lesen und das Eingezeichnete wiederzufinden? Geht es vielleicht gar darum, beim Wandern eine eigene Karte zu erstellen, damit das, was man dabei sieht und entdeckt, auch wirklich existiert?

Weicht man von der geplanten Route ab, besteht die Gefahr, dass man sich verirrt. Wie das geschieht, beschreibt Torbjørn Ekelund, unterwegs in den Wäldern der Nordmarka, außerhalb Oslos.

> Es ist eine Sache, von einem Punkt loszugehen, dessen Lage man kennt, und sich dann zum nächsten Punkt zu bewegen. Ist man aber erst einmal an einem Punkt angekommen, dessen Position man nicht kennt, und soll sich dann weiter zum nächsten Punkt bewegen, von dem man ebenfalls nicht weiß, wo er sich befindet, dann hat man sich verlaufen. Unterwegs hat man viele kleine Entscheidungen getroffen, ist vielleicht sogar jedes Mal ein kleines bisschen falsch gegangen, und am Ende befindet man sich in totaler Verwirrung und Ungewissheit. Es ist wie bei einem Sudoku, es nützt nichts, viele richtige Schlussfolgerungen zu ziehen, wenn man am Anfang irgendwo eine falsche Zahl eingesetzt hat. (S. 94)

Die Orientierung erscheint hier im direkten Vergleich mit einem Spiel, bei dem es darum geht, die richtige Zahl zu finden, die richtige Entscheidung zu treffen. Richtig in welchem Sinn? Richtig im Rahmen der Regeln für das Spiel. Wenn es sich so verhält, kann man zu Recht feststellen: Die Karte ist interessanter als das Gebiet. Wird dabei aber nicht etwas vergessen? Verliert sich bei diesem Fokus auf das Spiel nicht etwas, was vielleicht auch den Reiz der Wanderung ausmacht? Ekelund gibt darauf ein paar Seiten weiter hinten selbst eine Antwort:

> In frühen Zeiten haben sich Abenteurer und Entdeckungsreisende ständig verirrt. Sich an Orte zu be-

> geben, wo niemand zuvor gewesen war, und somit auch nicht zu wissen, wo genau man sich befand, war sozusagen die grundsätzliche Bedingung für Entdeckungsreisen. (S. 102)

Sich zu verirren oder nicht zu wissen, wo man sich befindet, kann gar als Voraussetzung für eine Reise gesehen werden, wenn damit eine bestimmte Erlebnisqualität gemeint ist: Eine Präsenz oder ein Ausgesetztsein. Rebecca Solnit, die ich bereits in einem anderen Kapitel erwähnt habe, widmet dieser Frage ein ganzes Buch mit dem paradoxen Titel *Die Kunst, sich zu verlieren. Ein Wegweiser*, das auch Ekelund anschließend an die oben wiedergegebene Passage zitiert. Darin will sie ihre Leserinnen und Leser dazu motivieren, sich weniger stark an den Strukturen zu orientieren, um mehr und intensiver zu erleben.

Heute, da wir alle mit GPS-Navigationsgeräten in den Taschen wandern, ist es beinahe schwieriger geworden, sich zu verirren, als am geplanten Ort anzukommen. So ist denn auch der Blick auf das Navigationsgerät oft interessanter als derjenige auf die Gegend.

Ausrüstung

Rebecca Solnit erwähnt, dass es für Menschen, die Fährten lesen können und wissen, wie sie sich in der Wildnis ernähren und schützen können, nicht so schlimm ist, wenn sie sich verirren. Die richtige Ausrüstung kann also eine gute Karte ersetzen. Die gleiche Art von Beziehung zwischen Karte und Gebiet, Sprache und Gegenstand, Beschreibung und Reise besteht auch zwischen der Ausrüstung und deren Eignung im Gelände beziehungsweise während der Reise. Wer seinen Koffer für die Reise packt, nimmt eine Abstraktion vor, stellt sich Situationen vor und die darin benötigten Kleidungsstücke und Werkzeuge. Je präziser in der Imagination die Realität vorweggenommen wird, desto leichter wird der Rucksack und desto weniger beschwerlich ist die Reise – wegen des geringeren Gewichts und dank der geeigneten Ausrüstung.

Wie diese Gegenstände nun aber genau aussehen, welche sich wofür besser eignen, darüber kann ich hier nicht berichten. Dazu gibt es entsprechende Kataloge und den Einzelhandel. Für einen Berufswanderer wäre es vielleicht angemessen, er würde wie der norwegische Schriftsteller Tomas Espedal gar kein Gepäck mitnehmen und im Anzug und mit weißem Hemd wandern. Oder wie der Reisende in Vagrant Holidays nur das Minimum, einen Schlafsack und Hygieneartikel. Touristen oder Sportlerinnen werden eine andere Ausrüstung benötigen als Weitwanderinnen und Reporter. Professionelle Youtuber müssen wohl immer auch mehrere Ersatzakkus und diverse Simkarten mitnehmen, damit sie weiter Material hochladen und mit ihrer Community chatten können.

In seiner Studie *Extremwandern und schreiben* geht Birger Solheim als Letztes, nach einer Reihe klassischer Texte von Goethe über Seume, Stifter und Nietzsche, auf einen relativ unbekannten Text des Autors Manfred Hausmann mit dem Titel *Lampioon küsst Mädchen und kleine Birken* (1925) ein. Darin werden die Wanderungen eines Landstreichers namens Lampioon beschrieben, der in voller Absicht mit minimaler Ausrüstung unterwegs ist. Und gerade dadurch entwickelt er, so beobachtet es jedenfalls Solheim, ein erhöhtes Körperbewusstsein:

> Der Körper ist Lampioons bevorzugter Gegenstand der Selbsterfahrung. Durch den Körper erlebt er alles, was auch Pflanzen und Tiere erleben, Wärme, Kälte, Nässe, Wind, Schnee. Durch den Körper will er, fast wie ein Yogi, die Einheit mit der Welt finden. (S. 237)

Gerade dadurch also, dass er nur notdürftig ausgerüstet ist, kommt er offenbar der Natur oder seiner tierischen Existenz besonders nah. Weil er nur wenig Nahrung hat, erhält diese eine gleichsam sakrale Bedeutung. Und wenn er einen Handschuh verlöre, riskierte er sein Leben. Deshalb muss er Sorge tragen auf seine wenigen Gegenstände achtgeben. Solheim schließt seine umfangreiche Studie über das Wandern in der Literatur mit einer allgemeinen Betrachtung, inspiriert durch Hausmanns Roman:

> Vor dem Kontext des modernen Umweltbewusstseins kann uns Lampioons einfaches Leben durchaus als Inspiration dienen. Dass er seine eigenen Füße benutzt, um vorwärtszukommen, ist nur eine Seite; auch seine immense Freude über einfache Dinge, einen Kessel, ein Stück Brot, einen Schlafsack, kann wegweisend fungieren. Auf diese Dinge muss er in der Wildnis aufpassen: Geht eins verloren, ist er sofort der Kälte oder dem Hunger ausgesetzt. Nicht zuletzt aus diesem Grund sollten vielleicht mehr Leute das naturnahe Leben suchen: Um eine gewisse Demut zu entwickeln für den Wert der Dinge, die uns umgeben ... (S. 269)

Diese Demut, dieser Wert der Dinge ist spürbar auch für uns als gewöhnliche Touristinnen in Ferienhäuschen, auf Segelbooten oder beim Campen – Stichwort: Van-Life. Je einfacher die Unterkunft, desto mehr Bedeutung erhalten die Dinge, desto mehr Sorge wird jedem Detail zuteil. In der modernen Überflussgesellschaft ist diese Einfachheit ein willkommenes Gegengewicht – das handgemachte Brot, der selbst umgebaute Van – zu all der Massenware. Ein kleiner, ansonsten kaum beachteter Gegenstand kann auf einer Wanderung oder unterwegs ein großes Glücksgefühl auslösen, eine Erfahrung, die uns sonst im Alltag vielleicht fehlt. Zu dieser Einsicht gelangt zum Beispiel auch Jean-Christophe Rufin auf seiner Pilgerreise:

> Im Lagerhaus einer Firma für Industrieklebstoffe stelle ich mich unter, um eine regendichte Überhose aus dem Rucksack zu ziehen. Es ist ein seltenes Glück, feststellen zu dürfen, dass ein bestimmtes Ausrüstungs-

stück ganz und gar angemessen ist, und ich fühlte mich mit dieser Hose wahrhaft im Trockenen. (S. 87)

Den Körper zu spüren mit seinen Bedürfnissen nach Wärme, Trockenheit, Nahrung, Schlaf, ist einer der Hauptzwecke des Reisens als Freizeit oder Urlaubsaktivität. Diese Grundbedürfnisse werden sonst, in der Sesshaftigkeit, immer sofort befriedigt oder gar übermäßig und meist im Voraus, bevor wir sie überhaupt spüren. Auf Reisen oder unterwegs kann es hingegen sein, dass die Befriedigung warten muss oder mit Hindernissen verbunden ist.

Bei Berufsreisenden sieht es allerdings etwas anders aus, etwa Fernfahrerinnen und Dauercamper. Sie entwickeln hier eine Routine. Und bei Reise-Youtubern? Shiey ernährt sich von Dosenfleisch und ist ansonsten nur mangelhaft ausgerüstet – er friert oft, wird nass und schmutzig. Vagrant Holydays reist nur mit dem Nötigsten: Schlafsack, Regenschutz, Waschutensilien, Zahnbürste. Als Nahrung kauft er sich jeweils ein Baguette und Humus sowie Vitamintabletten. Und er hat ständig Angst, dass ihm sein Schlafsack geklaut wird – was dann auch einmal tatsächlich geschieht und ihn ziemlich in Bedrängnis bringt. Stobe the Hobo ernährt sich hauptsächlich von Bier. Manchmal kauft er sich an einer Tankstelle ein Stück Pizza oder isst kalte Ravioli aus der Dose. Während Itchy Boots und Bald and Bankrupt in einheimischen Restaurants speisen und in Hotels logieren. Man kann daraus vielleicht schließen, dass mit zunehmender Illegalität der Reisen die Qualität der Ernährung und Unterbringung sinkt.

Mein Großvater besaß eine kleine Hütte im Emmental, die ich manchmal nutze. Auch dort ist die Reduktion auf das Wesentliche erlebbar. Es ist ein Bretterverschlag, nicht viel mehr. Aber es gibt eine Küche, fließendes Wasser, Strom. Die Hütte liegt zuhinterst im Emmental, wo die Emme entspringt. Wer *Geld und Geist* von Jeremias Gotthelf liest, findet eine Beschreibung dieser Gegend vor vielen Jahren. Dorthin ziehe ich mich manchmal für ein paar Tage zurück. Um zu schreiben und zu lesen. Aber auch um ein wenig zu wandern. Es ist ein Moorgebiet, die Wälder sind nass und am Morgen gibt es oft Bodennebel. Moos und Heidelbeeren säumen kleine Pfade, Brücken aus Holz überqueren die vielen kleinen Bäche, die sich sammeln und talwärts fließen. Ein paarmal bin ich auch mit dem Fahrrad zur Hütte hochgefahren. Dabei habe ich gemerkt, dass die Gegend bereits vom Fahrrad aus ganz anders aussieht. Wirklich zu merken, wie der Boden beschaffen ist, der Bach, der Wald, das geht nur zu Fuß. Wer den Straßen folgt, bewegt sich auf einer Vereinfachung, auf einer Abstraktion. Hier geht es darum, vorwärtszukommen, Dinge zu transportieren, Höhe und Geschwindigkeit zu gewinnen.

Begleitung

Natürlich kann man jemanden mit auf eine Wanderung nehmen und dabei seine oder ihre Eignung in mit dem Alltag vergleichbaren Situationen testen. Ist er aufmerksam? Wartet sie manchmal auf mich? Wie gehen sie mit Hunger, mit Müdigkeit um? Wie fit ist er oder sie? Von der Wanderung kann man dann auf die Lebensreise schließen. Oder auch umgekehrt: Jemand, der oder die sich in vielen Situationen im Alltag als nützlich erwiesen hat, könnte auch auf einer Wanderung brauchbar sein.

Rebecca Maria Salentin beschreibt in ihrem Reisebericht, wie sie als eher unsportliche Vierzigjährige eine längere Wanderung unternimmt auf dem Internationalen Bergwanderweg von Eisenach nach Budapest (EB). Eigentlich war geplant, dass ihr Freund sie begleitet, aber zwischen Planung und Antritt der Reise haben sich die beiden getrennt. Sie wandert also zunächst allein und sieht es als Neustart. Sie plant aber entlang der Reise immer wieder Treffen mit Freundinnen und Arbeitskollegen ein, die sie auf ihrem Weg ein Stück begleiten, sozusagen Streckenabschnittspartnerinnen. Zudem steht sie während der Wanderung in dauerndem Austausch mit ihren Freundinnen und Freunden über den titelgebenden *Klub Drushba*. Dabei handelt es sich um eine Gruppe innerhalb einer Messenger-Software auf dem Mobiltelefon:

> Mir waren Freundschaften schon immer mit das Wichtigste im Leben. … ich brauche regelmäßigen Kontakt zu meinen engsten Vertrauten, um glücklich zu sein. Und ich lebe lange genug im Osten, um zu wissen, dass sich Sozialisten und Kommunisten mit ‹Freundschaft!› grüßten: Drushba! So gründete ich den *Klub Drushba* und eröffnete eine gleichnamige WhatsApp-Gruppe, über die ich alle, die an meinem Abenteuer teilhaben wollen, auf dem Laufenden hielt. (S. 26)

Zusätzlich zu diesem Freundeskreis steht sie im ständigen Kontakt zu einer Gruppe aller aktuellen Absolventen des Trails, mit denen sie den Stand der Wanderung austauscht, und sie findet nach wenigen Tagen auch einen Begleiter, der zunächst mit ihr ein paar Etappen wandert und dann bald auch ihr neuer Freund wird. Die Beziehung hielt laut entsprechenden Zeitungsartikeln noch über die Wanderung hinaus.

Salentin bildet quasi die Fangruppen von Youtuberinnen im Literarischen ab. Sie hat sogar physische Follower im Wortsinn, die mit ihr einen Teil des Weges gehen. Bei den Produzentinnen und Produzenten der Reisevideos geht es unter anderem darum, möglichst viele solche Followerinnen zu gewinnen, die jedes neue Video sofort schauen und virtuell an der Reise teilnehmen. Die von mir aufgezählten kommen auf zwischen 200'000 und mehrere Millionen Views pro Video. Das ist eine viel größere Reichweite als die meisten Texte haben, die ich bislang erwähnt habe – auch nach mehreren Auflagen; abgesehen von Hape Kerkelings Pilgerbuch, das sich laut Pressemeldungen über 5 Millionen Mal verkaufte. Mit diesen Fans interagieren sie auch, indem sie ihre Fragen beantworten und teilweise auf Wünsche eingehen. Zudem haben die Follower die Möglichkeit, Geld zu spenden oder Fanartikel zu kaufen. Die meisten der Youtuber, die ich oben erwähnt habe, sind allein unterwegs. Ab und zu gesellen sich aber auch Begleiterinnen und Begleiter zu ihnen. Stobe the Hobo reist manchmal mit seinem Hobo-

Kollegen «Wingman», sogar Vagrant Holidays ist ab und zu in Begleitung einer jungen Dame unterwegs, die er offenbar einfach auf der Straße anspricht und zum Mitwandern motiviert (sein Sarkasmus überfordert die Frauen aber in der Regel, sodass sie ihn schnell wieder verlassen). Shiey wird von einem Kollegen begleitet (der sich «Poison» nennt) oder wird von anderen Abenteurern, die ihn wohl aus seinen Videos kennen, zu einer besonders gefährlichen verlassenen Fabrik geführt.

Ein schönes Beispiel für ein gemeinsames Wandern zeigt der amerikanische Reiseschriftsteller Bill Bryson in seinem unterhaltsamen Buch *Picknick mit Bären*. Darin beschließt Bill Bryson als älterer, unsportlicher Mann, den Appalachian Trail, einen der anspruchsvollsten Fernwanderwege, zu gehen. Begleitet wird er von seinem noch weit unsportlicheren Freund Stephen Katz. Dessen tollpatschiges Verhalten macht die Schilderung zusätzlich lustig und lässt Bryson, der selbst nicht der fitteste ist, etwas besser dastehen. Auf unsportliche Hauptfiguren zu setzen, ist offenbar auch ein gutes Muster, da sich die Leserinnen und Leser mit diesen vielleicht eher identifizieren mögen. Berichte von durchtrainierten Sportlern sind vielleicht weniger interessant. Obwohl es auch dafür schöne Beispiele gibt, in denen das Joggen und das Training mit dem Leben gleichgesetzt werden, etwa das Buch *Wovon ich rede, wenn ich vom Laufen rede* von Haruki Murakami oder *Laufen* von Isabel Bogdan.

Viele wandern, wie erwähnt, allein. Denn erst das ermöglicht es, die Natur und den eigenen Körper wahrzunehmen oder sich ganz in das Erlebnis zu versenken. Die Literaturnobelpreisträgerin Olga Tokarczuk beschreibt das eindrücklich in ihrem Buch *Unrast*, einem Dokument über das Reisen und Wandern in der Gegenwart und in der Vergangenheit. Dort stellt sie fest:

> Ein alter Bekannter sagte mir einmal, er reise nicht gern allein. Wenn er etwas Außergewöhnliches, Neues, Schönes sehe, wolle er das so gerne mit jemand teilen, dass er unglücklich sei, wenn er niemanden bei sich hat. Meiner Meinung nach taugt er nicht zum Pilger. (S. 190)

Ihr Buch ist eine Sammlung aus unterschiedlichen Gedanken und kleinen Episoden über verschiedene Menschen, die unterwegs sind. Obwohl sie nur durch dieses Thema miteinander verbunden sind, ergibt sich beim Lesen doch ein stimmiger Gesamteindruck. In der Form bildet dieses Buch vielleicht auch die fragmentarischen Eindrücke ab, die eine Person unterwegs wahrnimmt: Einzelne Szenen, im Bus etwa, beim Einkaufen, im Park. Die allein reisende Person schnappt Gesprächsfetzen auf und während sie weitergeht, fügt sich alles zu einer Rhapsodie zusammen. Wäre die Person in Begleitung, würde sie in einem Dialog stehen, der durch diese Schnipsel höchstens unterbrochen, gestört würde. Sie wären dann bloß Neben- oder Störgeräusch.

In ihrem Buch *Frauen, die wandern, sind nie allein*, stellt Kerri Andrews verschiedene wandernde

Frauen aus der Vergangenheit vor. Eine davon, Elizabeth Carter, ließ sich beispielsweise von imaginären Freundinnen begleiten, mit denen sie auf ihren Wanderungen Zwiegespräche hielt. Ihre Zuneigung zu realen Frauen und Freundinnen drückte sie bevorzugt aus, indem sie den Wunsch äußerte, mit ihnen wandern zu gehen. Auch das ist eine Möglichkeit, wenn man etwa durch weniger bevölkertes Gebiet wandert: einen inneren Dialog führen. Dieser mischt sich in die durchwanderte Landschaft und unser Gehirn spinnt daraus einen Text. Das funktioniert in der Imagination gar besser, als wenn man tatsächlich begleitet würde.

Der britische Autor Ben Aitken bringt diese imaginäre Begleitung auf ein weiteres Level, indem er in seinem Buch *Dear Bill Bryson* beinahe 20 Jahre später genau die gleiche Route wie der bekannte amerikanische Reiseschriftsteller geht, an den gleichen Orten übernachtet und sogar das Gleiche ißt wie Bill Bryson. Zudem schreibt er auch beinahe das gleiche Buch darüber. Dessen Reiz liegt allerdings in den kleinen Unterschieden: Aitken ist mindestens eine Generation jünger und es sind inzwischen 20 Jahre vergangen. Die Umgebung hat sich geändert, die Geschäfte haben neue Besitzerinnen und die Weltanschauung des Autors hat sich gewandelt.

Wie viele andere fügt Kerri Andrews ihrem Buch über wandernde Autorinnen Berichte über eigene Wanderungen an. Auf der ersten wird sie von ihrem Gatten Adam und einem gemeinsamen Freund namens Ewan begleitet. Das ermöglicht es ihnen, mit zwei Autos unterwegs zu sein. Eines lassen sie am Ziel zurück, fahren dann gemeinsam zum Startpunkt, um nach der Wanderung mit dem Zielfahrzeug wieder zum Start zurückzufahren. Die gleiche Strecke, die sie wandern, legen sie also zusätzlich noch dreimal mit dem Auto zurück. Ohne Begleitung käme diese Art Wanderung kaum zustande.

Was erkennen?

Für Bergsteigerinnen oder Bergsteiger ist oft ein aussichtsreicher Gipfel das Ziel. Oben angekommen, hat der Bezwinger oder die Bezwingerin des Bergs ein besonders einschneidendes Erlebnis, das sein oder ihr Leben verändert. Ob aus wissenschaftlichem Interesse oder aus Eroberungsdrang: Höhe zu bewältigen, bedeutet, sich von einer Masse abzuheben und sich zu einer kleinen Gruppe von Auserwählten zählen zu dürfen. In ihrem Buch über *Alpinismus und Andinismus* in der Literatur schreibt die Mainzer Literaturwissenschaftlerin Martina Kopf:

> Das Gipfelerlebnis lässt sich nicht auf die Ankunft auf der Höhe reduzieren, sondern macht sich häufig erst bei der Ankunft im Tal bemerkbar: Der Bergsteiger kehrt verändert zurück. … Die Bergluft wirkt hier wesensverändernd. (S. 61)

Gipfelerlebnisse in dieser Form bleiben beim Wandern aus, da dieses nicht auf einen bestimmten Höhepunkt hinzielt. Vielmehr ist es eine konstante Herausforderung, deren Höhepunkt gerade in seiner strengen Monotonie besteht. Wer wandert, ist dem Wetter ausgesetzt, wird von Verletzungen und Wunden gepeinigt. Und wandert trotzdem weiter. Je länger das dauert, desto mehr konzentriert sich die Wahrnehmung auf den eigenen Körper. Auf Hunger, Durst, Schmerzen, Müdigkeit. Auf Schlafen, Essen und Verdauung. Insofern erzeugt das Wandern eine Präsenz, wie sie etwa bei Meditationen gesucht wird. Anders als bei der Meditation, ist der Körper dabei aber stets auch im Austausch mit der Umgebung. Man spürt die Art des Bodens. Ob es nasses Holz ist, über das man geht, Stein oder Gras. Schnee oder Laub. Man fühlt, wie die Landschaft geformt wurde durch Gletscher und Bäche. Erahnt mit der Zeit, was folgt, wie eine Schlucht aussehen wird, wie ein kleiner Fluss in einen größeren mündet und welche Folgen das für die Beschaffenheit des Bodens, für die mögliche Route hat, die man beim Gehen antizipiert. Wo der Schnee am besten begehbar ist, welche Passagen riskant sind. In diesem Zustand macht sich der Wanderer oder die Wanderin auch Gedanken. Zum Beispiel über die Natur, die Umwelt und die Zerstörung. Über Grenzen, Eigentum und Politik. Und er oder sie kommt in Kontakt mit dem Fremden, den Fremden, Fremdsprachen. Wandern führt daher eher zu einer Wahrnehmungsveränderung als zu einer Wesensveränderung.

Natur, Umwelt, Zerstörung

In seinem Aufsatz *Prolegomena zur Konzeption einer Naturgeschichte der Zerstörung* beschreibt der Literaturwissenschaftler Christian Hein die Zerstörung als ein «alles kontrollierendes Prinzip der organischen Welt» (S. 196) im Werk des Schriftstellers W. G. Sebald. Natur und Zivilisation sind darin, so schreibt er, keine Gegensätze, sondern Teil desselben Prinzips. «Die vom Menschen geschaffene Zivilisation muss als Teil der organischen Welt gewertet werden.» Als Beispiel wollen wir hier Sebalds Gedicht *Bleston.*

A Mancunian Cantical kurz anschauen. Darin sitzen Stare auf rußigen Bäumen und fliegen über den All-Saints-Park in Bleston. Sie «haben ihr Leben vergessen» und «Fliegen nicht mehr zurück in den Süden». Mit Bleston ist Manchester gemeint; der All-Saints-Park befindet sich neben der Universität und in direkter Nähe zu einer Autobahn. Die von Sebald vielleicht aus seinem Büro in der Universität beobachteten Vögel verbringen die Nacht «[a]uf den Gesimsen von Lewis's Big Warehouse» (S. 22), womit das Shopping-Center von John Lewis & Partners, am westlichen Rande der Stadt, ebenfalls an der Autobahn gelegen, gemeint sein könnte, das Sebald vielleicht, nach beendeter Arbeit mit dem Auto über die erwähnte Autobahn ansteuerte, um einzukaufen (nach eigener Rekonstruktion mit Google Maps). Sebald stellt in dem Gedicht die Frage, was mit den toten Tieren geschieht, «von denen ich keines je sah». Vielleicht werden sie von denselben Reinigungsmaschinen weggeräumt, die auch den Zivilisationsmüll beseitigen. Die Stare haben «ihr Leben vergessen», ihr «ursprüngliches», «naturgegebenes» mag man ergänzen, sie sind Teil der vom Menschen geprägten Zivilisation geworden und von deren Güterkreislauf, der auf das Wegwerfen und Entsorgen ausgerichtet ist.

Nun ist das, was als Natur wahrgenommen wird, oft durch Menschen gestaltet. Und was durch Menschen gestaltet wurde, wird im Gegenzug von der Natur bewohnt, bearbeitet, verwittert und bewachsen. Es ist heute kaum mehr möglich und auch nicht sinnvoll (weil der Mensch dort stört), durch «unberührte Natur» zu gehen. Was den Anschein einer solchen macht, ist oft künstlich und mit großem Aufwand geschaffen worden, etwa sogenannte Naherholungsgebiete, Naturparks oder Felder. Es ist also nicht einfach, zwischen Natur und Kultur zu unterscheiden. Und auch bei historischen Bauwerken (oder auch Parkanlagen) ist Vorsicht geboten. Oft wurde über die Jahre so viel daran geändert, umgebaut und renoviert, dass man nicht sagen kann, wie viel davon wirklich noch aus der Zeit stammt, in der sie ursprünglich errichtet wurden. Der Luzerner Professor für Tourismusforschung Valentin Groebner zeigt das erhellend auf in seinem Buch *Retroland – Geschichtstourismus und die Sehnsucht nach dem Authentischen.* Er kratzt dabei auch am Mythos, der viele Sehenswürdigkeiten wie etwa die weltberühmte Luzerner Kappelbrücke umgibt, die von zahlreichen Touristen besucht werden. An dieser Brücke ist gar nichts mehr echt, erst recht nicht mehr, seit sie im Jahr 1993 abbrannte und vollständig neu aufgebaut wurde.

Im englischsprachigen Raum gibt es den bereits erwähnten Trend zum sogenannten «Nature Writing». Die Bücher dazu füllen Regale. Darin geht es beispielsweise um den Specht oder einen bestimmten Stein. Humorvoll und manchmal nachdenklich werden Expeditionen in die Natur und Tierbeobachtungen beschrieben. Einer dieser Autoren ist Robert Macfarlane, der schon mehrmals erwähnt wurde, unter anderem von einer freundlichen Buchhändlerin. Er reist auf der Suche nach «alten Wegen» und «wilden Plätzen» in der Welt herum und beschreibt seine Erfahrungen, die er um lehrreiche Recherchen und kluge Gespräche mit Gleichgesinnten ergänzt. Er klettert zum Beispiel auf einen Baum und macht sich dann Gedanken über das Baumklettern. In seinem Buch *Wild Places* sucht Robert Macfairlane die ursprüngliche Wildnis in Großbritannien. Er findet sie an sehr abgelegenen Orten, zu denen er mit dem Auto fährt, etwa wenn er ein verlassenes Moor durchquert (er würde auch gerne, am liebsten nackt, durch ein gefrorenes Moor skaten, es gibt aber gerade zu wenig Eis) oder auf einer abgelegenen Insel, zu der er mit einer Jacht fährt. Dort liegt er dann auf der Erde und beobachtet seltene Vögel. Das mag für eine packende Beschreibung eine gute Grundlage sein, ist aber eher keine Empfehlung für nachhaltiges Reisen. (Man stelle sich vor, was geschehen würde, wenn Macfarlanes Art zu reisen von größeren Menschenmengen nachgeahmt würde und in sämtlichen Naturschutzgebieten skatende, nackte Naturfreunde unterwegs wären.) Ob Macfarlane bewusst ist, dass er mit seiner Anreiseform und überhaupt seiner Reisetätigkeit zur Zerstörung des Gegenstandes beiträgt, den er beschreibt, weiß ich nicht. Auch der weiter oben beschriebene ökologische Unsinn von Kerri Andrews ist aus ihrer Sicht wohl unproblematisch – für viele gehören Autofahrten zum Wandern dazu, damit man direkt beim Wanderweg starten kann und nicht zuerst die hässlichen Straßen aus der Stadt hinaus gehen muss. Ich vermute, Macfarlane nimmt das Paradox in Kauf, da es offensichtlich einer höheren Sache dient. Oder aber es zeigt sich hier, wenn auch vielleicht nicht beabsichtigt, die Berührung von Zivilisation und Kultur, von Schönheit und deren Zerstörung. Vielleicht sind das die einzigen Möglichkeiten, heute «wilde Orte» zu erleben: Indem man sie zugleich zerstört oder sie aber in Zusammenhang mit ihrer Zerstörung sieht, gleichsam ihrem Untergang beiwohnt. Denn sollte es wirklich solche «wilden Orte» geben, wie sie Macfarlane sucht, müssten sie wohl von den Menschen gänzlich abgeschlossen werden. Sie dürften nicht betretbar sein. Ein Dilemma, das sich etwa auch im Film *Der Bär in mir* (2019) zeigt. Darin begleitet der Berner Dokumentarfilmer Roman Droux den Bärenforscher David Bittner auf eine Forschungsreise nach Alaska. In der Wildnis campieren sie und begegnen Braunbären, an deren Leben sie für eine Weile beobachtend teilnehmen. Zugleich aber müssen sie sich schützen. Mit einem Elektrozaun ums Zelt. Proviant kriegen sie per Flugzeug geliefert, mit dem sie auch dorthin reisen müssen. Es wäre wohl am besten für die Bären, sie würden in Ruhe gelassen. Aber der Schutz dieser Tiere kostet Geld. Und damit Menschen Geld spenden, müssen sie auch etwas über die Tiere wissen. Dazu müssen die Bären wiederum erforscht und gestört werden.

Für Wanderungen reicht es aber durchaus, in erforschtem und erschlossenem Gebiet zu bleiben. Da gibt es noch genug zu erleben, genug für mehrere Generationen. Der schon erwähnte Walserweg etwa führt «in 23 Etappen vom Hinterrhein in den Rhätikon», wie der Untertitel zum «rechtzeitig» zur Eröffnung 2010 erschienenen Reiseführer *Walserweg Graubünden* von Irene Schuler verspricht. Neben eher unzugänglichen Orten wie Juf, Obermutten und Schlappin führt dieser penibel signalisiert Weg auch durch heute weltbekannte Tourismusdestinationen wie Vals, Davos, Arosa und Klosters. Wer es vorzieht, ohne Zelt zu wandern und Alphütten umgehen will, kann sich beispielsweise in Davos niederlassen. Hier zeigt sich das Nebeneinander von Natur und Zivilisation vielleicht besonders eindrücklich. An einem Dienstag im Juni fahre ich dorthin, um es mir genauer anzuschauen. Blocksiedlungen wie in einer Vorstadtgemeinde drängen sich im idyllischen Alpentalbecken aneinander; eine stark befahrene Hauptstraße entlang reihen sich Modegeschäfte, Bars, Hotels und Einkaufsläden. Der Ortsbus fährt im Zehn-Minuten-Takt die Einkaufsmeile hoch und runter. Die beeindruckende Berglandschaft ist durch Bergbahnen, Skipisten, Rodelbahnen tief eingekerbt und umgestaltet. Auf vielen Bergen stehen futuristische Bahnstationen. Die Wanderwege sind mit Schildern bestückt, die alle hundert Meter auf die Geschichte, auf die Architektur, auf Wasserwege hinweisen. Dazwischen Werbung für das Waldhotel und Bücherbänke, auf denen aus einer Box Lesestoff gefischt und vor Ort konsumiert werden darf («Bitte nicht mitnehmen»). Neben dem Verkehr sind zahlreiche Vögel zu hören, ob das Stare sind, weiß ich nicht. Der Wind in den Bäumen mischt sich mit dem Gelächter betrunkener Touristen. Schülergruppen und Studentinnen des Gletscherforschungsinstituts; auf dem Dorfplatz eine Yogagruppe mit farbigen Leggins. Chassidische Juden auf Geschäftsreise am See. Menschen aus vielen verschiedenen Ländern; daneben sind auch Einheimische unterwegs. Sie grüßen, wenn sie an mir vorbeigehen, freundlich mit Grüezi. Futuristisch mutet das sogenannte Goldene Ei an, ein edles Hotel mitten im Wald, in der Nähe des Sees, in dem schon viele Wirtschaftsleute und Politikerinnen residierten, wenn jährlich das Weltwirtschaftsforum stattfindet. Unmittelbar daneben, auf einer Weide am Waldrand, steht ein hölzerner Walserhof. «Heimat» steht über dem Eingang geschrieben, auf einem Schild aus dem typischen angekohlten Holz. Im Hof, zwischen Schuppen und langgezogenem Wohnhaus, spielen Kinder Fußball. Auf einer der zahlreichen Hinweistafeln entlang des Oberen Panoramawegs mit dem Titel «Raumplanung» lese ich die folgenden Zeilen:

> Die heutige Landschaft und die Besiedelung sind das Ergebnis einer jahrhundertelangen Einflussnahme des Menschen auf den Lebensraum. Frühe Siedler waren die Walser, die im 13. Jahrhundert einwanderten. Sie rodeten den Wald und errichteten ihre der Selbstversorgung dienenden Streusiedelungen.

Direkt neben der Weide beim Walserhaus, die der Wanderweg quert, befindet sich, wie Google Maps verrät, der Helikopter-Landeplatz für das Weltwirtschaftsforum WEF. Auf einer Hinweistafel beim

Feldweg wird darum gebeten, die Weide sauber zu hinterlassen, den Kühen zuliebe. Abfall bitte nicht auf den Boden werfen. Die Wirtschaftsgäste, stelle ich mir vor, landen zwischen Feld und See, werden aber wohl nicht den Feldweg entlanggehen – das wäre der direkte Weg –, um zu Fuß zum Goldenen Ei zu gelangen. Sie werden wahrscheinlich auf dem großen Parkplatz am anderen Ende der Weide mit Limousinen abgeholt, einen Umweg über die Eisenbahnschranke, die Kreuzung beim Bahnhof fahren, das Lawinenforschungsinstitut passieren und dann über die Zugangsstraße zur Hoteleinfahrt gebracht werden, wo sie vor der Tür aussteigen und die wenigen Schritte bis zur Hotellobby zu Fuß gehen, bevor sie in den Fahrstuhl steigen, der sie auf ihr Zimmer bringt. Vor den Fenstern in der goldenen Fassade werden sie Tannenäste baumeln sehen. Dahinter glitzert der See.

Welchen Spuren sollen wir denn hier folgen? Wer ist unser anderer? Können wir alle anderen Spuren ignorieren und den Walserweg gehen? Was ist mit den Spuren des Skitourismus? Was mit den Spuren des globalen Kapitalismus? Was mit den Spuren der modernen Landwirtschaft, der Wandergruppen? Der Yogis, der Kongress-Ärztinnen und der chassidischen Juden? Werden diese nun alle Teil meiner Vergangenheit, wenn ich durch Davos wandere? Nehme ich sie alle in mich auf?

Wir sind sehr komplexe Wesen und in der Lage, verschiedenste Widersprüche in uns zu vereinen. Wer heute wandert, wird sich oft in einer solchen

Zwischenwelt wiederfinden. Zwischen Naturspektakel und Tourismusbauten, zwischen Idylle und Lärm, zwischen historischen Bauten und moderner Architektur. Auf historischen Routen, die ihre Funktion geändert haben und nun beispielsweise Schnellstraßen sind, in historischen Unterkünften, in denen gleichzeitig ein Informatikkongress stattfindet. Es gilt hier, mehrere Schichten zugleich wahrzunehmen. Aus dieser Mehrdimensionalität entsteht vielleicht auch eine spezifische, zeitgemäße Erfahrung. Und die Überlagerung verschiedener Schichten ermöglicht gar eine neue Form von Tourismus oder kreativem Reisen: Urban Exploring oder das Erkunden verlassener Orte.

Der Youtuber Shiey zum Beispiel übernachtet oft in ehemaligen Fabriken oder Häusern, die von der Natur zurückgeholt wurde, sogenannte «abandoned places». Er spannt seine Hängematte am liebsten auf den Dächern oder Terrassen aus. Auch das Übernachten auf Güterzügen, wie es Stobe the Hobo macht, lässt sich damit vergleichen – es findet gleichzeitig in der fremden Natur und in der Zivilisation statt. Bei den Videos von «Vagrant Hollydays» wiederum kann man sehen, wie einer in Parks mitten in einer Stadt im Schlafsack übernachtet. Es sind Naturtrips in der großstädtischen Wildnis oder in der überwucherten, ursprünglich gestalteten Natur. Diese Orte haben eine eigene Schönheit. Gras, das über Wellblech wächst.

Politik, Grenzen, Privateigentum

In den Wörtern «Grenzübertritt» und «Grenzüberschreitung» ist «gehen» impliziert. Wer zu Fuß unterwegs ist, wird immer wieder in Berührung mit Grenzen kommen. Zunächst einmal kann man an die Grenzen der eigenen Kräfte gehen. Mit etwas Training ist es vielleicht möglich, sieben, acht Stunden täglich zu wandern. Dann braucht der Mensch Ruhe, muss wieder zu Kräften kommen. Aber auch Stadtgrenzen, Waldränder, die Baumgrenze, Mauern, Eisenbahntrassen und Sackgassen müssen überwunden werden. Stacheldraht, Viehdraht, Absperrungen, Barrieren, Privatbesitz halten Wandernde auf, stehen im Weg. Autobahnen, Flughäfen, unpassierbare Berge und Gewässer, Sumpf, Dickicht, Golfplätze können Grenzen bilden. Oft sind gar mehrere Arten von Grenzen miteinander verbunden. Wenn etwa ein Fluss auch eine Landesgrenze bildet, diese mit Stacheldraht oder einer Mauer gesichert ist. Oder eine schöne Villa, die an den See grenzt, zusätzlich mit einer Mauer umgeben ist. Dann versperrt sie nicht nur das Ufer, sondern auch einen größeren Teil Landschaft um das Haus herum.

Architektur ist oft politisch. Die Größe und die Art der Häuser in einem Ortsteil geben Auskunft über den wirtschaftlichen Status ihrer Besitzerinnen und Besitzer, oft auch über ihre Berufe, wenn sich eine Werkstatt darin befindet. Die Grenze zwischen Arbeit und Freizeit ist dann nur eine Etage oder eine Tür. Häuser und Wohnungen sind teurer und imposanter, je besser die Lage eingeschätzt wird: an aussichtsreicher Lage. Mit Blick auf ein Gewässer. Klimatisch begünstigt. Größere Orte befinden sich an besonders attraktiven geografischen Positionen. Etwa da, wo ein Fluss aus dem See abfliesst oder an einer wichtigen Kreuzung zentraler Wege und Routen. Manche dieser Grenzgebiete sind sehr spektakulär.

In Staffel 6 mit dem Titel *Project Alaska* will Noraly a.k.a. Itchy Boots den amerikanischen Doppelkontinent auf dem Motorrad von Süden nach Norden durchqueren. Dabei passiert sie etliche Landesgrenzen, was jedes Mal eine bürokratische Herausforderung ist, da sie nicht nur sich selbst, sondern auch ihr Motorrad jeweils an- und abmelden muss. Das bedeutet, lange zu warten und meist einiges an Gebühren und Kosten zu begleichen. Viele Grenzen haben ein Büro für die Ausreise, dann fährt man eine Weile weiter durch Niemandsland und gelangt zum Büro für die Einreise. Das ist allerdings nichts im Vergleich zu dem, was sie in Episode 25 bis 28 erlebt, als sie die Grenze zwischen Kolumbien und Panama, also zwischen Süd- und Nordamerika, passiert oder besser gesagt: umschifft. Zwischen den beiden Kontinentalhälften befindet sich der sogenannte Darién-Gap. Dabei handelt es sich um ein Dschungelgebiet, ein Landstück von etwa 100 km Ausdehnung ohne offiziellen Straßen oder sonstige Verkehrsverbindungen. Es gibt allerdings ein inoffizielles Wegnetz und Boote zu mieten. Tausende Menschen nutzen die gefährliche Reisemöglichkeit zu Fuß, mit dem Fahrrad oder Motorrad durch Dschungel und Sumpf. Unterwegs lauern Raubtiere, die Route wird auch für den Drogenschmuggel genutzt, für die illegale Einreise oder auch als Versteck und Hinterhalt, um Abenteurerinnen und Abenteurer zu überfallen und zu vergewaltigen. Zwischen zwei wohlgeregelten Staaten findet sich also eine Wildnis, in der Anarchie oder das Recht der Stärkeren herrscht. Auf der Grenze ist Wildnis. Obwohl die Grenze etwas regelt, ist sie selbst ein rechtsfreier Raum.

Bald and Bankrupt versucht in einer Anfang des Jahres 2022 gedrehten Episode in die usbekische Exklave So'x zu gelangen. Dabei handelt es sich um ein Landstück von etwa 300 km^2, das vollständig von Kirgisistan umschlossen ist. Auf dem Landweg, von Kirgisistan aus, gelingt ihm das nicht, da die Grenze sehr gut bewacht ist. Als er es etwas später über den Luftweg aus Usbekistan versucht, ist die Einreise problemlos möglich, es gibt nicht mal eine Kontrolle, man kann an einem Schalter ein Ticket kaufen wie für den Bus.

The Book of Trespass von Nick Hayes handelt vom Eindringen in Bereiche, die in Privatbesitz sind und deshalb für Wanderer in der Regel nicht zugänglich. Im französischen Teil der Schweiz steht oft A BAN für «mise à ban», Durchgang verboten. Golfplätze beherbergen zum Beispiel umfangreiche Landreserven in Stadtnähe, die nur einer ausgewählten Klientel zugänglich sind. In Gated Communities sind ganze Quartiere privatisiert. Viele Abschnitte der See- und Flussufer sind für die Öffentlichkeit nicht zugänglich. Obwohl es immer wieder Bestrebungen gibt, diese für die Allgemeinheit zu öffnen, kommt keine verbindliche Regelung zustande. In der Schweiz gibt es den Verein «Rives Publiques», der sich für frei zugängliche Seeufer und Gewässer einsetzt – er macht Einsprachen und wehrt sich, allerdings selten erfolgreich. Wer wandert, wird deshalb immer wieder vor Zäunen, Stacheldrähten, Mauern und Warnschildern enden. Er oder sie hat dann die Wahl, einen weiten und hässlichen Umweg in Kauf zu nehmen oder seine Kleider zu zerstören, gegen das Gesetz zu verstoßen und Verletzungen in Kauf zu nehmen.

Gibt es ein Recht an der Landschaft? Kann man Gewässer, einen Wald besitzen? Das sind Fragen, die man sich beim Wandern stellt. Nick Hayes geht noch weiter und fragt, worauf sich der Besitz gründet. In vielen Fällen auf Ausbeutung und Plünderung. Ausbeutung von Kolonien etwa oder von Arbeitern, Plünderung von natürlichen Ressourcen. Ein solches Recht, das auf einem Unrecht basiert, sollte keine Gültigkeit haben, sagt er. Ein Argument, das auch Sprayerinnen gerne verwenden, die allerdings Schaden anrichten, während Wandernde bloß ein Wegrecht einfordern. Und wenn sich die Nachkommenden, wie in Hayes' Schilderung, damit verteidigen, dass sie nicht für vergangenes Unrecht verantwortlich gemacht werden können, so bliebe ihnen doch die Möglichkeit, die Ländereien für alle zugänglich zu machen. Auch dafür gibt es Beispiele – wie etwa die eindrücklichen Schlossparks in Potsdam, die von der gesamten Bevölkerung genutzt werden können.

Viele Wanderrouten lassen sich also aufgrund von Privatbesitz, Durchgangsverbotsschildern usw. nicht so richtig umsetzen. Oft bekommt man es auch mit eher unangenehmen Zeitgenossen zu tun, wie etwa dem Biobauern an der Grenze Berns zu Ittigen. Sein Hof liegt am Ufer eines kleinen Flusses, dem ich von der Quelle bis zur Aare folgen wollte (auf die Idee gebracht wurde ich durch das Buch *Henzi Sulgenbach* von Martin Bieri. Er folgt dort dem Sulgenbach von der Quelle bis zur Mündung in die Aare. Ich habe das Gleiche, weniger erfolgreich, mit der Worblen versucht). Der Bauer ist offenbar so darauf fixiert, dass niemand seinen Teil des Flussufers entlanggeht, dass er dort wartet, bis jemand kommt, um schreiend einzuschreiten. Sein Mobiltelefon hielt er mir wie eine Waffe entgegen. Was wollte er damit? Die Polizei rufen? Mich filmen? Selbst aber fährt er mit schweren, benzinbetriebenen Maschinen über seine Felder und das mit Verbotsschildern dekorierten Ufer entlang.

Ein anderes Mal versuchte ich das Genfersee-Ufer entlangzuwandern und kletterte dabei durch manche Hecke und über einige Mauern. Dort aber wurde ich nicht erwischt, zerkratzte mir nur die Jacke. Die Häuser waren nicht bewohnt oder tagsüber verlassen. Sie stehen einfach im Weg rum und nehmen Landschaft für abwesende einzelne Menschen in Anspruch. Auch Felder müssen oft großräumig umschritten werden. In Wales habe ich dagegen ein anderes Prinzip gesehen. Dort führen die Fußpfade mitten durch die Weide, wie das manchmal auch in den Alpen der Fall ist. Hier überlagern sich die Nutzungsformen; es ist eine gemeinsame Existenz möglich zwischen Wandernden und Viehzucht. Verschiedene Nutzungen oder auch unterschiedliche Spuren überlagern sich.

Der, die und das Fremde

«Das Fremde verschwindet», lese ich in zwei sehr unterschiedlichen Büchern, *Fremde sind wir uns selbst* der französischen Psychoanalytikerin Julia Kristeva und dem Essayband *Verbeugung vor Spiegeln* des Basler Schriftstellers Martin R. Dean jeweils gleich auf der ersten Textseite (S. 11 bzw. S. 7). Meinen sie dasselbe, beziehen sie sich aufeinander, kommen sie unabhängig voneinander zum selben Schluss? Dean schreibt in seinen Essays vor allem über sich selbst. Als Sohn einer Schweizerin und eines Vaters aus Trinidad wächst er in den 70er-Jahren in einem Dorf im Aargau auf – und fühlt sich fremd. Erst als er nach Paris reist, kann er in der Menge untertauchen: «In Paris drehte sich das Rad der Welt», schreibt er, «hier konnte ich unauffällig werden» (S. 19). Auf einer Reise in die Großstadt fühlt er sich selbst ein erstes Mal nicht mehr als Fremder. Noch stärker verschwinden die Unterschiede zwischen den einzelnen Menschen in London, wohin Dean später (2009) mit einem Literaturstipendium reist. Er stellt fest, «dass die Vermischung der Ethnien hier weiter fortgeschritten war als irgendwo sonst in Europa. Es waren urbane Lebensformen entstanden, die zum globalen Modell werden konnten. … Diese Großstadt war ein Völkerlabor» (S. 24). In der fortgeschrittenen Durchmischung der Bevölkerung einer globalisierten Stadt verschwindet das Fremde, weil alle Fremde sind. Fremdsein ist kein besonderes Merkmal mehr, sondern normal. Auch Deans Stiefvater, der ebenfalls aus Trinidad stammt und nun mit Deans Mutter in einem aargauischen Dorf wohnt, verschwindet. Indem er sich komplett assimiliert, wie das von den ländlichen Schweizern gewünscht wird, dadurch nach und nach seine Persönlichkeit verliert und völlig in seinem Beruf als Arzt aufgeht. Er verschwindet als Person und geht in seiner Funktion auf, in der er kein Fremder ist. In beiden Fällen liegt es an der Gesellschaft, dass das Fremde verschwindet, wenn diese sehr heterogen ist, aber auch, wenn sie sehr homogen ist wie in dem aargauischen Dorf. Ob etwas als fremd empfunden wird, hängt hier also stark vom Ort ab, an dem man sich befindet, ob zuhause (im Aargau) oder unterwegs (in Paris oder London).

Julia Kristeva hingegen nimmt Bezug auf Sigmund Freuds Aufsatz *Das Unheimliche*. Darin beschreibt Freud bekanntlich die Doppeldeutigkeit des Wortes «heimlich», das sowohl das Vertraute wie auch das Fremde bezeichnet, das einmal vertraut gewesen ist, jetzt aber unheimlich ist. Dieses Fremde ist in uns, in unserem Unbewussten. Die Angst davor resultiert aus einer inneren Abwehr gegen etwas in uns, das wir nicht akzeptieren wollen. «Wenn wir», schreibt Kristeva, «unsere Fremdheit erkennen, werden wir draußen weder unter ihr leiden noch sie genießen.

Das Fremde ist in mir, also sind wir alle Fremde. Wenn ich Fremder bin, gibt es keine Fremden» (S. 209). Das Fremde verschwindet bei Kristeva in dem Moment, in dem wir erkennen, dass wir selbst nicht nur das sind, was wir zu kennen glauben. Dass sich Fremdes in uns selbst befindet, unbewusste Ängste zum Beispiel oder auch verdrängte Wünsche. Das ist vielleicht dieselbe Einsicht wie diejenige Martin R. Deans, der in der Weltstadt so viele Fremde sieht, dass ihm die eigene – äußerliche – Fremdheit nicht mehr als Ausnahme vorkommt: Wir sind uns selbst fremd, also ist uns nichts fremd. Wohingegen, können wir vielleicht mit diesem psychoanalytischen Ansatz zu deuten versuchen, Deans Stiefvater das Fremde in sich vollkommen verdrängt – und dadurch seine Persönlichkeit verliert. Auch so verschwindet das Fremde.

Nun ist das Fremde etwas, das mit dem Wandern und Reisen bewusst gesucht wird, das unsere Neugier und auch unsere Ängste seit langer Zeit formt. Spätestens seit Kolumbus und seinen Neuentdeckungen spielt «Fremdheit» eine Rolle in fast jeder Wissenschaftsdisziplin; eine davon, die Ethnologie, beschäftigt sich gar ausschließlich damit. In neuerer Zeit wurde aber immer mehr infrage gestellt, dass «Fremdheit» objektiv feststellbar ist; vielmehr, so stellten Postkolonialismusstudien klar, handelt es sich dabei um Zuschreibungen einzelner Forschender, die also nach eigenem Gutdünken oder Befinden festlegten, was fremd ist (und damit auch, was es nicht ist, was also «normal» ist). Diese Definitionen des Fremden geben deshalb weniger über das Aufschluss, was sie in der Fremde beobachtet haben, als über das, was in ihrem Unbewussten verdrängt wurde bzw. was sie als Bekanntes festlegen. Alexander Honold gibt in seinem Aufsatz *Das Fremde. Anmerkungen zu seinem Auftritt in Kultur und Wissenschaft* einen ausführlichen Überblick über diese Entwicklungen und bemerkt zusammenfassend:

> Fremdheit ist weder eine geographisch noch ethnisch zu fixierende Eigenschaft, sondern eine Beziehungsform – und als solche stets, implizit oder explizit, Verhandlungssache. Insofern umreißt der Begriff einen durchaus kontroversen und bedeutungsgeladenen Schauplatz sprachlich-symbolischen Handelns. (S. 30)

Dieses sprachlich-symbolische Handeln mag sich in Texten niederschlagen, in denen das Fremde beschrieben wird. Es geht dabei mitunter darum, Begriffe zu finden, um Unbekanntes mit Bekanntem zu vergleichen und es dadurch zu assimilieren. Gerne erstellte man dazu früher Inventare und Listen. Robert Macfarlane will einen Atlas der wilden Orte erstellen und sie dadurch zu gezähmten, kartografierten machen. Indem er in diese Wildnis reist, macht er sie zu Zivilisation. Die Expeditionen in die Fremde dienten immer auch dazu, das Fremde zu erkunden, zu katalogisieren, sich zu eigen zu machen und oft auch zu zerstören. Auch dadurch verschwand das Fremde. Ging es dabei um Besitz, waren es nicht selten Plünderungen wie in den sogenannten Kolonialgebieten: das Fremde wurde zum Eigenen gemacht und verschwand dadurch.

Im ersten Moment sind Begegnungen mit dem Fremden herausfordernd, da sie uns selbst bzw. unsere Gewohnheiten und Sicherheiten in Frage stellen. Wir haben gewisse Arten zu denken, zu handeln, zu benennen, eine Sprache. Wenn etwas davon plötzlich anders ist, wird das Eigene in Frage gestellt. Aber wie man Fremdsprachen lernen kann und sich dadurch auch in ihnen verständigen, so kann man auch den Umgang mit dem (vermeintlich) Fremden erlernen. Dazu ist es vielleicht nötig, auch das Fremde in einem selbst zu erkennen und zu akzeptieren. Wenn das Fremde verschwindet, wird der Fremde zum Anderen – im Sinne von Lévinas. Wer mit dem Fremden in Kontakt kommt, wird sich auch mit dem Fremden in sich selbst auseinandersetzen. Und dadurch persönlich weiterkommen, indem es ihr oder ihm gelingt, das Fremde in sich selbst abzubauen. Mit der Zeit entwickelt sich daraus vielleicht eine globalere Persönlichkeit, die sich nicht mehr hinter einem Beruf verstecken muss wie Martin R. Deans Vater, sondern die zur Weltbürgerin, zum Weltbürger wird. Zu einer interessanten und vielfältigen Person. Das jedenfalls wäre vielleicht eines der Ziele, die mit dem Wandern erreicht werden können. Bei vielen Berufsreisenden wie etwa Kraftfahrerinnen, Musikerinnen und eben Reisereportern ist diese sogenannte weltmännische Persönlichkeit auszumachen: Eine Bescheidenheit, Höflichkeit und grundsätzliche Offenheit; Eigenschaften, die vielleicht durch das

Wandern und die damit zusammenhängende Weitung des Horizonts gefördert werden, durch das Nachdenken unterwegs, durch das Verarbeiten der Eindrücke.

Andreas Altmann, mit dessen *Scheißleben* ich mich bereits auseinandergesetzt habe, wurde, nachdem es ihm gelungen war, aus den bedrückenden Verhältnissen in Altötting abzuhauen, ein fleißiger Reisender. Seine Erfahrungen und Tipps in der Fremde hat er in einem Buch mit dem verkaufsfördernden Titel *Gebrauchsanweisung für die Welt* zusammengefasst. Darin gibt er praxisnahe Tipps, wie man sich unterwegs verhalten soll – weltweit. Das Wandern hat es ihn gelernt, mit dem Fremden umzugehen. Die Tipps sind relativ banal, sie drehen sich etwa um Hygiene und Freundlichkeit. Im Kapitel «Fortbewegungsmittel» schreibt Altmann beispielsweise die folgenden Sätze, die hier als Schlusswort stehen sollen:

> Ach, wenn sie nur wüssten: von der Glückshormonen, die ein Reisender ausschüttet, wenn er in einer fremden Stadt ankommt und zu flanieren beginnt. In Schrittgeschwindigkeit alles entdeckt, was ihm fremd ist. Inniger und umwegloser kann einer nicht lernen. Ununterbrochen an Farben und Gerüchen, an Lauten und Sprachfetzen vorbei, die er nicht kennt, nie gesehen, nie gerochen, nie gehört hat. Nichts trägt ihn näher heran als seine Beine. (S. 87)

Was lesen?

Abendschein, Hartmut (2022): Asemic Walks. Malmö: Timglaset.

Abonji, Melinda Nadj (2010): Tauben fliegen auf. Salzburg: Jung und Jung.

Altmann, Andreas (2011): Das Scheißleben meines Vaters, das Scheißleben meiner Mutter und meine eigene Scheißjugend. München: Piper.

Altmann, Andreas (2012): Gebrauchsanweisung für die Welt. München: Piper.

Andrews, Kerri (2022): Frauen, die wandern, sind nie allein. München: Goldmann.

Aitken, Ben (2022): Dear Bill Bryson. Footnotes from a Small Island. London: Icon.

Barthes, Roland (2006): Schreiben, ein intransitives Verb? In: Ders.: Das Rauschen der Sprache. Kritische Essays, Band IV. Frankf./M.: Suhrkamp. S. 18–28.

Bieri, Martin (2020): Henzi Sulgenbach. Ein Lessing-Implantat. Bern: edition taberna kritika.

Bogdan, Isabel (2021): Laufen. Roman. Köln: Kiwi.

Brumme, Christoph D. (2009): Auf einem blauen Elefanten. 8353 Kilometer mit dem Fahrrad von Berlin an die Wolga und zurück. Berlin: Dittrich.

Bryson, Bill (1999): Picknick mit Bären. München: Goldmann.

Carrére, Emmanuel (2022): Yoga. Berlin: Matthes & Seitz.

Christgau, Nataniel (2020): Irgendwie am Ende. Dritter Teil (zu den Essays von David Foster Wallace). In: Die Wiederholung, Nr. 11 – Dez. 2020.

Dean, Martin R. (2015): Verbeugung vor Spiegeln. Über das Eigene und das Fremde. Salzburg: Jung und Jung.

Dorner, Maximilian (2011): Die Gabe der Langsamkeit. Streifzüge durch New York. München: Piper.

Ekelund, Thorbjørn (2021): Gehen. Eine Wiederentdeckung. München: Malik.

Eco, Umberto (1990): Eine Karte des Landes im Maßstab 1:1. In: Ders.: Platon im Striptease-Lokal. Parodien und Travestien. München: Hanser.

Engels, Friedrich (1966): Anteil der Arbeit an der Menschwerdung des Affen. In: Karl Marx; Friedrich Engels: Ausgewählte Schriften in zwei Bänden. Bd. 2. Berlin: Dietz.

Fermore, Patrick Leigh (2009): Die Zeit der Gaben und Zwischen Wäldern und Wasser. Zu Fuß nach Konstantinopel: Der Reise erster und zweiter Teil. Zürich: Dörlemann.

Fermore, Patrick Leigh (2015): Die Entführung des Generals. Zürich: Dörlemann.

Freud, Sigmund (1975): Jenseits des Lustprinzips. In: Ders.: Studienausgabe, Band III. Psychologie des Unbewussten. Frankf./M.: S. Fischer.

Glavinic, Thomas (2018): Unterwegs im Namen des Herrn. Roman. München: DTV.

Graeber, David; Wengrow, David (2022): Anfänge. Eine neue Geschichte der Menschheit. Stuttgart: Klett-Cotta.

Groebner, Valentin (2018): Retroland. Geschichtstourismus und die Sehnsucht nach dem Authentischen. Frankf./M.: S. Fischer.

Hayes, Nick (2020): The Book of Trespass. Crossing the Lines that Divide Us. London: Bloomsbury.

Hein, Christoph (2016): Prolegomena zur Konzeption einer Naturgeschichte der Zerstörung. In: Uwe Schütte (Hg.): Über W. G. Sebald. Beiträge zu einem anderen Bild des Autors. Berlin/Boston: De Gruyter.

Honold, Alexander (2006): Das Fremde. Anmerkungen zu seinem Auftritt in Kultur und Wissenschaft. In: Göckede, Regina; Karentzos, Alexandra: Der Orient, die Fremde: Positionen zeitgenössischer Kunst und Literatur, Bielefeld: transcript.

Houellebecq, Michel (2004): Lanzarote. Erzählung. Reinbeck/H.: Rowohlt.

Houellebecq, Michel (2011): Karte und Gebiet. Roman. Köln: Dumont.

Jensen, Kristian Ditlev (2010): Von japanischen Brotbüchsen, indischen Göttern, komischen Alpendialekten, süßen Südstaaten, afrikanischen Kriechtieren und der Köstlichkeit des langsamen Reisens. München: DTV.

Kaspar, Fred (2019): Reisen ins Bad – schon immer Tourismus? In: Berner Zeitschrift für Geschichte. 81. Jahrgang. Ausgabe 03/19, S. 35–62.

Kapuściński, Ryszard (2007): Notizen eines Weltbürgers. Frankf./M.: Eichborn.

Kapuściński, Ryszard (2008): Der Andere. Frankf./M.: Suhrkamp.

Kerkeling, Hape (2008): Ich bin dann mal weg. Meine Reise auf dem Jakobsweg. München: Malik.

Kopf, Martina (2016): Alpinismus – Andinismus. Gebirgslandschaften in europäischer und lateinamerikanischer Literatur. Stuttgart: Metzler.

Korzybski, Alfred (1964): Science and Sanity. An Introduction to Non-Aristotelian Systems and General Semantics. Englewood: Institute of General Semantics.

Krause, Johannes; Trappe, Thomas (2019): Die Reise unserer Gene. Eine Geschichte über uns und unsere Vorfahren. Berlin: Ullstein.

Kristeva, Julia (1990): Fremde sind wir uns selbst. Frankf./M.: Suhrkamp.

Küster, Hansjörg (2010): Geschichte der Landschaft in Mitteleuropa. Von der Eiszeit bis zur Gegenwart. München: C. H. Beck.

Le Breton, David (2013): Lob des Gehens. Berlin: Matthes & Seitz.

Lévinas, Emmanuel (1983): Die Spur des Anderen. Untersuchungen zur Phänomenologie und Sozialphilosophie. Freiburg/München: Karl Alber.

Macfarlane, Robert (2015): Karte der Wildnis. Berlin: Matthes & Seitz.

Macfarlane, Robert (2016): Alte Wege. Berlin: Matthes & Seitz.

Maier, Andreas (2010, 2011, 2013, 2015, 2016, 2018, 2019 und 2021); Das Zimmer; Das Haus; Die Straße; Der Ort; Der

Kreis; Die Universität; Die Familie; Die Städte. Frankf./M.: Suhrkamp.
Marukami, Haruki (2018): Wovon ich rede, wenn ich vom Laufen rede. Köln: Dumont.
Meier, Gerhard (2007): Die Ballade vom Schneien. Frankf./M.: Suhrkamp
Meier, Gerhard (2017): Der schnurgerade Kanal. Bern: Zytglogge.
Proust, Marcel (1964): In Swanns Welt. Auf der Suche nach der Verlorenen Zeit 1. Frankf./M.: Suhrkamp.
Reichholf, Josef H. (2008): Warum die Menschen sesshaft wurden. Das größte Rätsel unserer Geschichte. Frankf./M.: S. Fischer.
Rosenlöcher, Thomas (1991): Die Wiederentdeckung des Gehens beim Wandern. Harzreise. Frankf./M.: Suhrkamp.
Rufin, Jean-Christophe (2015): Pilgern für Skeptiker. Meine Reise auf dem Jakobsweg. München: Knaus.
Salentin, Rebecca Maria (2021): Klub Drushba. Berlin/Dresden: Voland & Quist.
Scott, James C. (2020) : Die Mühlen der Zivilisation. Eine Tiefengeschichte der frühesten Staaten. Frankf./M.: Suhrkamp.
Sebald, W. G. (2008): Über das Land und das Wasser. Ausgewählte Gedichte 1964 – 2001. Frankf./M.: S. Fischer.
Solheim, Birger (2018): Extremwandern und Schreiben. Ein kulturhistorischer Streifzug von Goethe bis Hesse. Köln: Böhlau.
Solnit, Rebecca (2019): Wanderlust. Eine Geschichte des Gehens. Berlin: Matthes & Seitz.
Solnit, Rebecca (2020): Die Kunst, sich zu verlieren. Ein Wegweiser. Berlin: Matthes & Seitz.
Steiner, Jörg (2008): Ein Kirschbaum am Pazifischen Ozean. Frankf./M.: Suhrkamp.
Thome, Stephan (2013): Grenzgang. Roman. Frankf./M.: Suhrkamp.
Tokarczuk, Olga (2009): Unrast. Frankf./M.: Schöffling.

Uebel, Tina (2016): Uebel unterwegs. Skurriles und Bemerkenswertes vom Landweg Hamburg–Shanghai. Bielefeld: Delius Klasing.

Veteranyi, Aglaja (2002): Warum das Kind in der Polenta kocht. Roman. München: DTV.

Wallace, David Foster (2004): Schrecklich amüsant, aber in Zukunft ohne mich. Köln: Kiepenheuer & Witsch.

Wildermann, Ansgar (2010): Pilgerwesen, in: Historisches Lexikon der Schweiz (HLS), Version vom 02.02.2010. Online: https://hls-dhs-dss.ch/de/articles/011512/2010-02-02/, konsultiert am 09.06.2022.

Žic, Ivna (2019): Die Nachkommende. Berlin: Matthes & Seitz.

Zink, Jörg (2013): Deine Wege werden kürzer – fürchte dich nicht. Gütersloh: Gütersloher Verlagshaus.

Zschokke, Matthias (2008): Auf Reisen. Erzählung. Zürich: Ammann.

Nachwort

Vor elf Jahren wollte mich eine gute Freundin mit ihrem Mitbewohner verkuppeln. Er und ich lebten beide schon zu lange allein, fand sie, und auch sonst passten wir angeblich perfekt zusammen: Ich hatte gerade meinen ersten Erzählband publiziert, er schrieb an seiner Abschlussarbeit in Germanistik.

Die Verkupplungsaktion begann damit, dass wir zu dritt in der Unimensa zu Mittag aßen. Nach dem Essen saßen wir draußen auf dem Rasen und tranken den erstaunlich guten Mensakaffee.

«Schreibst du heimlich?», fragte ich ihn. «So wie jeder Germanistikstudent?»

«Na ja», sagte er.

«Also ja. Und was hast du vor, wenn du deine Abschlussarbeit abgegeben hast?»

«Ich weiß nicht», sagte er, «vielleicht spazieren gehen?»

Ich war enttäuscht, ich hatte mit einer anderen Antwort gerechnet: dass er einen Roman schreiben wollte oder zumindest Bewerbungen. Dass er irgendein Ziel anvisierte.

Ein halbes Jahr später brachen wir zu einer dreimonatigen Reise auf. Erst wanderten wir durch die Nationalparks in Neuseeland, dann auf den sogenannten *Non Tourist Treks* in Laos, wo man die mitteleuropäischen Ausbruchsfantasien in all ihrer Peinlichkeit durchschaute. Es war unser erster gemeinsamer Urlaub und unsere letzte Flugreise, die wir nach unserer Rückkehr pflichtschuldigst kompensierten. Nach Slowenien und nach Kroatien fuhren wir mit der Bahn. Je fester unsere Beziehung wurde, desto kleiner wurde der Radius unserer Reisen. Wir unternahmen Wanderungen im Elbsandsteingebirge und im Erzgebirge. Am Tag, bevor unser erster Sohn auf die Welt kam, drehten wir eine Runde im Volkspark, der direkt vor unserer Haustür liegt. Während der Geburt unseres zweiten Sohnes schafften wir es nur in den Garten des St. Elisabeth-Krankenhauses.

Mittlerweile wandern wir kaum noch, weil wir es beide zu mühselig finden, die Kinder anzutreiben. Sie interessieren sich weder für das Ziel noch für den Weg. Stattdessen verschwinden sie im Unterholz, bewerfen sich mit Eicheln oder sammeln Stöcke. Während wir auf Waldwegen herumstehen und auf sie warten, tun wir aber immer noch das, was wir auch auf unseren Wanderungen gemacht haben: Wir plotten unsere Texte.

Das Plotten ist eine Arbeitsmethode, die unter deutschsprachigen Autorinnen und Autoren keinen guten Ruf genießt. Vielleicht liegt es daran, dass der Inhalt sich hierzulande der Form unterordnen soll.

Literarische Texte dürfen nicht geplant werden, sie sollen aus dem Innersten kommen, aus dem Kopf, der Seele oder dem Herzen eines Genies, das die Muse natürlich auch beim Wandern küssen kann, besser aber in einem zugigen Dachgeschoss oder einem Café.

«Eigentlich ist meine Hauptfigur noch in Tara verliebt», sage ich beispielsweise. «Aber mit Rose muss auch etwas laufen. Hast du eine Idee, wie ich das plausibel machen kann?»

Oder: «Kennst du den Titan Kronos? Er hat seine Kinder gefressen, weil er Angst hatte, dass sie ihn entmachten. Meinst du, das kann ich irgendwie ins Heute holen?»

Oder: «Kannst du mir mit einem Nachwort helfen? Im Buch geht es ums Wandern.»

«Nicht schon wieder Nature Writing!»

«Es ist eher eine Kritik am Nature Writing. Und es geht um das Schreiben über das Wandern. Darum, wie das Wandern ideologisiert wird. Und ob man diese Ideologie überwinden kann.»

«Klingt gut. Lass uns überlegen …»

Es ist mir ein Rätsel, warum er damals so nonchalant zu mir sagte: «Ich weiß nicht, was ich nach meiner Abschlussarbeit vorhabe, vielleicht spazieren gehen?» War er aufgeregt, wollte er cool wirken? Ein ähnliches Rätsel ist es mir, warum ich ihn diesem fast schon aggressiven Verhör unterzog.

Wie das bei solchen Treffen meistens ist, gehen unsere Erinnerungen weit auseinander. Er streitet ab, jemals vom Spazierengehen gesprochen zu haben. Und vielleicht hat er Recht: In Wirklichkeit ist er darin, ohne Ziel loszulaufen, nämlich genauso schlecht wie ich. Beide benötigen wir die Sicherheit einer Karte, um von uns selbst abzusehen und in «Besinnung, Demut und Geduld» unsere Wahrnehmung ein Stück zu verschieben. Und beide sind wir – im Sinne Olga Tokarczuks – für das Pilgern ungeeignet, denn wir benötigen unbedingt einen Menschen, mit dem wir unsere Eindrücke teilen. Manchmal ist es schwer zu glauben, diesen Menschen gefunden zu haben. Aber es ist so: Seit elf Jahren breiten wir gemeinsam die Karte aus und überlegen, ob wir diese oder jene Landschaft beschreiten, ob wir diesen oder jenen Weg gehen, ob wir den Ausschnitt besser jetzt oder später verschieben.

Katharina Bendixen

Christian de Simoni liest und schreibt eigene und fremde Texte in Bern; Mitglied des Kollektivs *Hybrido Unreim.* Zuletzt erschien: *Das Rigilied. Herkunft und Bedeutung* (2017) und *B586D431 H376F845E56. Kryptolyrik* (2017). Mehr: christiandesimoni.ch

Katharina Bendixen schreibt Bücher für Kinder, Jugendliche und Erwachsene. Zuletzt erschien der Jugendroman «Taras Augen» (mixtvision 2022), der unter anderem mit dem Lesekompass der Leipziger Buchmesse ausgezeichnet wurde. Sie lebt mit ihrer Familie in Leipzig.

edition taberna kritika
Neuerscheinungen 2022/23

Bojan Savić Ostojić
Punkt
ISBN 978-3-905846-68-3

Hannes Bajohr
Renga Anger
ISBN 978-3-905846-67-6

Daniele Pantano
HIMMEL-BIMMEL-BAM-BAM
ISBN 978-3-905846-66-9

Jasmin Meerhoff
Knoten und Bäuche
ISBN 978-3-905846-65-2

Sebastian Winkler
texere [weben]
ISBN 978-3-905846-64-5

Hartmut Abendschein
Hartmann
ISBN 978-3-905846-63-8

René Luckhardt
Zwangsverwandtschaften
ISBN 978-3-905846-62-1

edition taberna kritika
Gutenbergstrasse 47
CH - 3011 Bern
Tel.: +41 (0) 77 425 2 180
info@etkbooks.com | http://www.etkbooks.com